Mein Wellensittich

Name:

Alter:

Geschlecht:

Erworben von: am:

Gewicht:

Foto

Ringnummer:

Besondere Merkmale:

Hinweise zur Pflege für die »Urlaubsvertretung«

Fütterungsplan:

Medikamente:

Sonstiges:

Anschrift des nächsten Tierarztes:

Telefonnummer:

Georg A. Radtke

Unser Wellensittich

Anschaffung — Pflege — Richtig füttern
Sprechen lernen

Kosmos
Gesellschaft der Naturfreunde
Franckh'sche Verlagshandlung
Stuttgart

Mit 13 Farbfotos von H. Bielfeld (4), A. Jesse (3), B. Kahl (2), H. Reinhard (3), Firma Wagner & Keller (1) und 34 Schwarzweißzeichnungen von M. Golte-Bechtle (12) und H. Kropf (22).

Holländische Ausgabe erschienen bei
W. J. Thieme & Cie, Zutphen, Niederlande
Amerikanische Ausgabe: T. F. H. Publications, Inc., Neptune/USA

CIP-Titelaufnahme der Deutschen Bibliothek

Radtke, Georg A.:
Unser Wellensittich : Anschaffung – Pflege – richtig füttern – sprechen lernen / Georg A. Radtke. – 4. Aufl. – Stuttgart :
Franckh, 1989
ISBN 3-440-05604-X

4. Auflage
Franckh'sche Verlagshandlung,
W. Keller & Co., Stuttgart/1989

Printed in Germany/Imprimé en Allemagne
LH 14 rr/ISBN 3-440-05604-X
Satz: Fotosatz Stephan, Stuttgart
Herstellung: Mainpresse Richterdruck, Würzburg

Umschlag von Ulrich Kolb unter Verwendung zweier Farbfotos von H. Reinhard (Titelseite) und H. Bielfeld (Rückseite)

Die Vorlagen für die Käfig- und Käfigzubehörzeichnungen stellte uns freundlicherweise die Firma Wagner & Keller, 7140 Ludwigsburg, zur Verfügung.

Bildnachweis:

Seite 17: Flugbauer gibt es viele verschiedene, ganz nach Geschmack und Geldbeutel. Aufnahme Wagner & Keller, Ludwigsburg

Seite 18 oben: Dieses Pärchen scheint sich ausgezeichnet zu vertragen. Aufnahme Jesse

Seite 18 unten: Beim Freiflug kehrt der Vogel immer wieder einmal zu seinem Käfig zurück. Aufnahme Jesse

Seite 35: Hier fällt die Wahl wirklich schwer! Aufnahme Reinhard

Seite 36 oben: Wer tagsüber oft außer Haus ist, sollte sich für ein Pärchen entscheiden. Aufnahme Jesse

Seite 36 unten: Zwei Vögel, die sich gut vertragen, machen auch ihrem Pfleger viel Freude. Aufnahme Kahl

Seite 37 oben und unten: Dieser Wellensittich ist schon handzahm geworden. Aufnahme Reinhard

Seite 38 oben: Junges Weibchen (rosa Nasenhaut). Aufnahme Bielfeld

Seite 38 unten: Junges Männchen (blaue Nasenhaut). Aufnahme Bielfeld

Seite 55: Junge Wellensittiche. Aufnahme Bielfeld

Seite 56 oben: Diese kleinen Vögelchen sind gerade drei Tage alt. Aufnahme Bielfeld

Seite 56 unten: Wellensittich-Mutter mit Jungen und noch nicht ausgebrüteten Eiern. Aufnahme Kahl

Unser Wellensittich

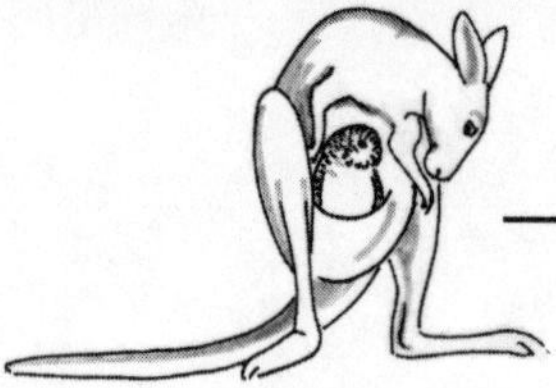

Einleitung

An alle Wellensittichfreunde

Wie kein anderer Vogel hat sich der Wellensittich die Herzen der Menschen erobert. Dabei ist er erst vor 150 Jahren entdeckt worden und wird seit 130 Jahren im Lande gezüchtet.
Die immer noch wachsende Beliebtheit dieser kleinsten Papageien hat viele Gründe: Nicht nur, daß Wellensittiche verhältnismäßig leicht zu halten und zu vermehren sind, vor allem ihr zutrauliches Wesen, die große Anhänglichkeit des einzeln gehaltenen Sittichs an den Menschen und nicht zuletzt ihr erstaunliches Talent, die menschliche Stimme und alle möglichen anderen Laute nachzuahmen, läßt sie an erster Stelle in der »Hitliste« der Käfigvögel stehen. Allein die Wellensittichpopulation in Deutschland wird augenblicklich auf 5 Millionen geschätzt! Aufgrund dieser Popularität gibt es natürlich seit langem eine Menge Berichte, Reportagen und Filme über diese netten »Hausgenossen« und auch eine ganze Reihe von Fachbüchern zur Zähmung, zum Sprechunterricht und über die Zucht und Vererbung der fast unzähligen verschiedenen Gefiederfarben, die im Laufe der letzten 100 Jahre unter der Obhut des Menschen entstanden sind. Hier handelt es sich jedoch überwiegend um Spezialliteratur für Züchter, Händler und Aussteller oder solche, die es werden wollen.
Dieses Buch wendet sich an all diejenigen, die Freude an Heimtieren als Ersatz für die immer ärmer werdende Natur haben. Es möchte ihnen auf leicht verständliche, übersichtliche und angenehm lesbare Weise all das Wissenswerte rund um den Wellensittich vermitteln, das man haben sollte, will man diese Vögel verstehen, artgerecht unterbringen, richtig pflegen, handzahm machen, zum Sprechen bringen und Krankheiten vorbeugen. Es würde mich freuen, wenn mir diese Aufgabe gelungen ist.

Wohltorf G. A. Radtke

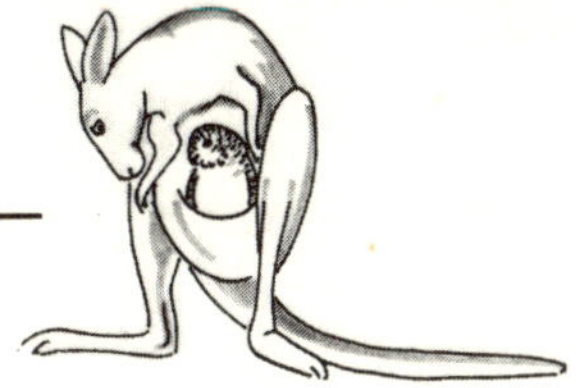

Heimat: Australien

Um das Verhalten eines Wellensittichs richtig zu verstehen, ihn artgerecht unterzubringen, zu pflegen und zu ernähren, sollte man sich etwas mit der Herkunft und Heimat dieses Vogels und seiner Lebens- und Ernährungsweise in freier Wildbahn beschäftigen. Die Stammform all der grünen, gelben, blauen, grauen, weißen und gescheckten »Hansis« und »Peterles« ist der grün-gelbe, in Australien beheimatete Wildling.
1840 kamen die ersten im australischen Busch gefangenen Wellensittiche nach England und eroberten von hier aus die Herzen europäischer Vogelliebhaber, wurden aber auch zu gesuchten Objekten all derjenigen, die »Ausgefallenes« und »Exotisches« sammelten – so daß in Australien der große Run auf Wellensittiche einsetzte und die Vögel bald zu Tausenden exportiert wurden. 1864 erließ die australische Regierung dann endlich ein Ausfuhrverbot, um die äußerst verlustreichen Massentransporte zu unterbinden. Aber schon 1855 wurden in Berlin die ersten Wellensittiche in Gefangenschaft nachgezüchtet, so daß die steigende Nachfrage nach diesen Tierchen in Europa wie auch in anderen überseeischen Ländern durch Nachzüchten immer mehr gedeckt werden konnte. Neue Farben entstanden – für die ersten »Blauen« zahlten die Japaner den Preis eines Rennpferdes pro Pärchen! –, und der Wellensittich trat seinen Siegeszug als Haustier an. Preiswert sind diese Vögelchen erst durch vereinfachte Zuchtmethoden bei wachsender Erfahrung geworden. Besonders im günstigen Klima Südfrankreichs entstanden damals große Farmen. Heute werden die besten, vor allem gesündesten Sittiche in kleineren, gut überschaubaren Anlagen von Leuten gezüchtet, die die Vogelzucht als Hobby oder bestenfalls als Nebenerwerb betreiben.
Als Strichvögel, d. h. als außerhalb der Brutzeit umherzigeunernde Vögel, kommen die Wellensittiche zeitweilig auf dem gesamten australischen Kontinent vor. Ihr Auftreten steht jedoch in enger Beziehung zu den häufig wechselnden klimatischen Bedingungen dieses Erdteils: Wellensittiche ernähren sich in der Hauptsache von Grassamen. Gräser gedeihen aber nur dort, wo es ausreichend regnet. Und Regenfälle treten in diesem mit europäischen Verhältnissen kaum zu vergleichenden Land oft nur sehr sporadisch und in großen Abständen auf. Auf ihren Wanderungen beobachten die

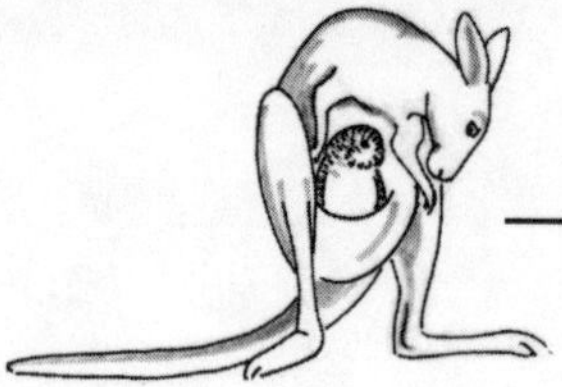

Vögel ständig Wolkenbildung und Windrichtung und fallen oft in großen Schwärmen und mit instinktiver Sicherheit dort ein, wo es gerade geregnet hat und die Gräser sprießen.

Wellensittiche sind Höhlenbrüter, und die häufigste Baumart Australiens, der Eukalyptusbaum, bietet ihnen mit seinem porösen Holz und den vielen Astlöchern geradezu ideale Nistgelegenheiten. Die Weibchen formen die Astlöcher mit ihren scharfen Schnäbeln zu passenden Nistmulden, die dabei anfallenden Späne werden als Nestunterlage verwendet. Wellensittich-Weibchen legen 3—5 weiße Eier, die sie allein ausbrüten. Während der Brutzeit versorgt das Männchen sein Weibchen mit Nahrung aus dem Kropf. Wenn nach 18 Tagen die Jungen schlüpfen, übernimmt es auch noch deren Fütterung. Nach 30 Tagen sind die Jungen fast selbständig und fliegen aus — das Weibchen beginnt sofort wieder ein neues Gelege. Solange der Nahrungsvorrat reicht, wird eine Brut in die andere geschachtelt. Die Gräser werden von den ersten Schößlingen über heranreifende Samen bis zu den ausgefallenen Körnern am Boden genützt — so lange, bis in der heißen Sonne alles versengt und eine neue Dürre hereingebrochen ist. Jetzt brechen die Vögel ihre Bruten abrupt ab und ziehen oft über weite Strecken zu neuen Nahrungsgründen. Auf diesen Wanderungen, mitunter tagelang ohne Wasser und bei einem Minimum an Nahrung, kommen viele um, die Natur hat jedoch durch den zahlreichen Nachwuchs für die Bestandserhaltung der Art gesorgt.

Wellensittiche sind durch ihren gestreckten Körper und die langen schwalbenähnlichen Flügel dem Leben in der offenen Steppe bestens angepaßt. Da sie sich meist in großen Schwärmen zusammenfinden, haben sie bessere Überlebenschancen: Sie können ihren Feinden, den Greifvögeln, besser entgehen, denn viele wachsame Augen sehen mehr. Das gilt auch für das gemeinsame Brüten (Koloniebrüten) in benachbarten Astlöchern, und wenn ein Schwarm am Boden pickt, spielen immer einige Vögel von Baumwarten aus »Wachtposten«. Ein Alarmruf genügt, um den ganzen Trupp schnellsten Fluges in die Weite der Steppe flüchten zu lassen!

Wie fast alle Lebewesen brauchen auch die Wellensittiche Wasser zum Überleben, und sie müssen manchmal sehr weite Flüge unternehmen, um eine Wasserstelle zu finden. Sie benötigen aber relativ wenig Wasser und kommen notfalls sogar mit dem Morgentau aus, der an den Gräsern haftet. Dieser Tau wird oft auch zum Baden

genützt, d. h., die Vögel wälzen sich im Gras, um auf diese Weise ihr Gefieder zu nässen. Dies kann jedoch das Duschen im Regen nicht ersetzen, bei dem sich die Vögel unter viel Geschrei und mit gelüfteten Flügeln wonniglich der Nässe aussetzen. Gleichzeitig wird von Blättern und aus Astmulden getrunken. Wellensittiche legen ihre Brutkolonien auch gern in der Nähe von Flüssen an — nur führen längst nicht alle zu jeder Jahreszeit Wasser. In neuerer Zeit hat die Einrichtung von Viehtränken über Grundwasserpumpen viel zur Vermehrung von Wellensittichen und anderen australischen Vögeln beigetragen.
Die Hauptbrutgebiete der Wellensittiche liegen — klimatisch bedingt — im Südosten des Landes, da es hier verhältnismäßig konstante Regenzeiten gibt. Die Brutzeit fällt in die Frühjahrsmonate Dezember bis Februar.
In vielen Generationen haben sich die Wellensittiche nun auch unserem europäischen Klima restlos angepaßt. Sie bedürfen nur weniger Wärmegrade und können sogar Frost vorübergehend vertragen — jedoch nur vorübergehend! Viele Züchter halten ihre Vögel — zumindest im Sommerhalbjahr — in Gartenvolieren, in denen die Vögel auch Sonne, Wind und Regen ausgesetzt sind. Das erhöht ihre Widerstandskraft und gibt dem Gefieder leuchtende Farben!

Wellensittich — ja oder nein?

Da heute fast alle Zoofachgeschäfte das ganze Jahr über Wellensittiche preiswert in vielen Farben anbieten, ist der Erwerb eines solchen Vogels kein Problem. Der Kauf sollte jedoch rechtzeitig zuvor gut überlegt und gründlich vorbereitet werden, denn die Anschaffung eines Haustieres aus einer Laune heraus oder weil die Kinder keine Ruhe geben, hat schon viele gereut, die sich nicht überlegt hatten, was auf sie zukommt. Am Anfang sind alle Kinder begeistert und versprechen hoch und heilig, alle Pflegearbeiten gewissenhaft zu übernehmen. Aber das Jahr ist lang, aus »Neu« wird ganz bald »Alt«, besonders bei Kindern, und der Piepmatz braucht auch dann Pflege und

Kauf

Zuwendung, wenn man gerade gar keine Zeit hat, lieber spielen oder ins Schwimmbad gehen oder verreisen möchte. Vor dem Kauf sollte man sich folgende »Checkliste« einmal gründlich ansehen und sich die gestellten Fragen offen und ehrlich und ohne Emotionen beantworten:

Wo bringe ich das Tier unter?

Der Käfig sollte so groß wie möglich sein, muß jedoch auf jeden Fall so groß sein, daß der Vogel ungehindert seine Flügel ausstrecken kann!
Der Standort muß zugfrei und hell sein. In dem Raum sollte möglichst wenig geraucht und gekocht werden, auch sollte nicht die halbe Nacht Licht brennen.

Kann ich dem Vogel auch die Möglichkeit zum regelmäßigen Freiflug bieten?

Zu den Hauptgefahren für freifliegende Wellensittiche zählen schlecht schließende Fenster und Türen, gardinenfreie Fensterscheiben, giftige Topfpflanzen und nicht vollständig abgedeckte Aquarien oder Suppentöpfe.

Kann und möchte ich die Zeit aufbringen, die zur guten Haltung und Pflege eines Wellensittichs notwendig ist?

Zur guten Haltung und Pflege gehören nicht nur regelmäßiges Füttern, Säubern des Käfigs und Freiflug, sondern auch die tägliche Zuwendung und Ansprache — vor allem bei einzeln gehaltenen Vögeln. Und wir sollten nicht vergessen: Ein Wellensittich kann 12—14 Jahre alt werden!
In diesem Zusammenhang stellt sich gleich die nächste Frage:

Einzelvogel, Pärchen oder Schwarm?

Ob Einzelvogel, Pärchen oder Schwarm, hängt zum einen von den persönlichen Neigungen des Vogelfreundes, der verfügbaren Zeit und dem verfügbaren Platz ab.
Wellensittiche sind von Haus aus sozial lebende Tiere, die meist in größeren Gruppen leben und alles gemeinsam unternehmen. Einen Einzelvogel sollte man daher nur halten, wenn man tagsüber genügend Zeit aufbringen kann, um sich mit dem Vogel zu beschäftigen und mit ihm zu sprechen. Ein einzeln gehaltener Vogel, der über längere Zeit den ganzen Tag allein in einer menschenleeren Wohnung leben muß, wird mit der Zeit aus Gram sterben.
Wohl ist der Wellensittich in der Lage, sich in seiner Lebensweise auch ganztags Berufstätigen anzupassen, indem er tagsüber viel schläft und dafür abends um so munterer wird — dann aber muß man sich Zeit für ihn nehmen!

Für beruflich stark beanspruchte Leute dürfte daher die Anschaffung eines Wellensittich-Pärchens oder gar eines kleinen Schwarms eher anzuraten sein.

Hält man sich ein Pärchen, so beschäftigen sich die beiden Vögel den ganzen Tag miteinander, vermissen den Menschen nicht sonderlich, sondern betrachten ihn eher als willkommenen »Futterspender«. Und hat man dann einmal mehr Zeit, so macht es viel Freude, dem Tun und Treiben der beiden Tierchen zuzusehen. Mit etwas Geduld kann man auch zwei zusammen gehaltene Sittiche handzahm bekommen, obwohl dies etwas schwieriger ist als bei einem einzeln gehaltenen Tier.

Die Angst vor unerwünschtem Nachwuchs ist bei einem Wellensittich-Paar meist unbegründet, da ein einzeln gehaltenes Paar selten – wenn überhaupt – brütet. Wellensittiche sind von Natur aus Koloniebrüter, einem einzelnen Paar fehlt also die Anregung, die »Konkurrenz«, wenn man so will, durch andere Paare. Um jedoch allen Eventualitäten vorzubeugen, kann man auch zwei gleichgeschlechtliche Vögel zusammen halten – wobei sich Männchen besser vertragen als Weibchen. Weibchen zanken sich schon eher einmal, doch auch das gehört zu einem normalen Vogelleben. Zu ernsthaften Verletzungen kommt es nicht, solange kein Männchen als »Dritter« hinzugegeben wird. Möchte man mehr als zwei Wellensittiche halten, so sollte man strikt gleichgeschlechtliche wählen, wenn Streit und Nachzucht unerwünscht sind.

Abgesehen von geringerer Anhänglichkeit an den Menschen bestehen die Nachteile einer mehrköpfigen Vogelhaltung in einer etwas größeren Lärmbelastung, denn ganz leise ist ein munter zwitschernder Wellensittichschwarm nicht immer, und ein wenig mehr Pflegeaufwand ist auch nötig, obwohl auch die modernen größeren Käfige höhere Schubfächer und/oder isolierende Glasscheiben haben. Ebenso gibt es Futter- und Tränkautomaten in verschiedenen Größen zum Einhängen, mit deren Hilfe auch mehrere Vögel gegebenenfalls ein paar Tage alleingelassen werden können.

Sind die anderen Familienangehörigen mit dem neuen Hausgenossen einverstanden?

Gibt es eventuell Mitmieter, die besonders lärmempfindlich sind?

Gegen die Haltung von Wellensittichen kann z. B. der Vermieter etwas einwenden, wenn sich die Mitmieter über Lärmbelästigung beschweren.

Kauf

Ist in meiner Umgebung irgend jemand allergisch?
Leider müssen heutzutage immer wieder Haustiere abgegeben, verschenkt oder verkauft werden, da sich Allergien gegen Federn oder Haare herausgestellt haben. Wenn möglich, sollte man dies vor dem Kauf eines Haustieres prüfen?

Gibt es eine Möglichkeit, den Vogel anderweitig unterzubringen, wenn man ihn für längere Zeit allein lassen müßte (Urlaub, Krankheit, sonstige Abwesenheit)?

Das sollte nun als Denkstoff für die Anschaffung eines oder mehrerer Wellensittiche genügen.

Wellensittich – ja!

Haben wir uns alle Fragen zur Anschaffung eines Wellensittichs positiv beantwortet, steht dem Kauf eigentlich nichts mehr im Wege. Stehen wir nun in der Zoohandlung oder beim Züchter vor einem Flugkäfig mit einem Schwarm verschiedenfarbiger Wellensittiche, dann fällt die Wahl mitunter schwer, und neue Fragen treten auf:

Welche Farbe darf's denn sein?
Im Grunde sind alle Gefiederfarben schön, es kommt immer auf den Betrachter an.
Gelbe und weiße Wellensittiche mit roten Augen (ihnen fehlt der dunkle Farbstoff im Auge, daher scheint das Blut durch) sind etwas lichtempfindlicher und neigen daher kurzfristig zu schreckhaftem Flattern bei plötzlichem Wechsel von Dunkel nach Hell. Sie beruhigen sich jedoch wieder, sobald sich ihre Augen an den Wechsel gewöhnt haben.
Außerdem ist sehr helles Gefieder etwas schmutzempfindlicher als dunkleres.

Ist der ausgewählte Vogel auch gesund?
Wir sollten uns beim Kauf auf jeden Fall Zeit nehmen und uns nicht unbedingt von einer Art »Liebe auf den ersten Blick« verführen lassen.
Der Sittich sollte vor allem gesund und munter sein!
Die scheinbar besonders zahmen, die nicht vor dem Finger ausweichen und sich womöglich streicheln lassen, sind das leider nicht immer, denn vorgezähmt sind die wenigsten. Es ist eher eine Art Apathie, die Krankheit oder zumindest Unwohlsein andeutet.
Am besten treten wir einen Schritt zurück und beobachten die Vögel unge-

stört. Vögel, die ihr Gefieder aufplustern, sich still in eine Ecke setzen oder gar den Kopf ins Gefieder stecken, nehmen wir auf keinen Fall. Auch Vögel mit einem oder mehreren der folgenden Anzeichen sollte man möglichst nicht kaufen:

- Das Gefieder ist struppig und glanzlos, oft sogar um die Kloakengegend herum verschmutzt und verklebt.
- Die Augen sind glanzlos, geschlossen oder verklebt.
- Die Nasenlöcher sind verkrustet oder verklebt, oder es fließt schleimige Flüssigkeit aus.
- Der Schnabel ist abgebrochen, eingerissen, schuppig oder schwammartig aufgetrieben.
- Die Atmung ist unregelmäßig oder hastig.
- Die Zehen sind verkrüppelt oder nicht vollzählig.
- Der im Käfig befindliche Kot ist breiig, wäßrig oder schleimig.
- Der Vogel sitzt teilnahmslos da, steckt den Kopf wie zum Schlafen ins Gefieder, ruht aber auf beiden Beinen anstatt auf einem, wie es gesunde Tiere tun.

<u>Jungvogel oder Altvogel?</u>

Wenn wir uns nur einen Wellensittich zulegen wollen, der handzahm und ein guter Sprecher werden soll, so sollte der Sittich beim Kauf möglichst noch »nestjung«, d. h. nicht viel älter als 4—6 Wochen sein. Denn je jünger der Vogel ist, desto rascher lernt er sprechen, desto schneller wird er zahm und schließt sich eng an seinen »Menschenpartner« an.

Natürlich stehen nestjunge Wellensittiche bei kaum einem Zoofachgeschäft oder Züchter jederzeit auf Abruf bereit, denn die Zuchtvögel müssen auch ausruhen, und die wenigsten Züchter haben so viele Paare, daß sie wechselseitig das ganze Jahr über durchzüchten. Man muß sich also möglicherweise auf eine gewisse Wartezeit gefaßt machen, bekommt dann aber auch einen ganz jungen Vogel frisch von den Eltern weg. Allerdings sind für einen solch jungen Vogel die ersten Tage im neuen Heim kritisch, denn die Trennung von Eltern und Geschwistern bedeutet in Verbindung mit dem Umgebungswechsel einen erheblichen Einschnitt in ein so junges Vogelleben. Man muß daher in den ersten Tagen den Vogel sehr sorgfältig beobachten und vor allem darauf achten, daß er frißt! Ohne Nahrungsaufnahme stirbt der Vogel innerhalb von zwei Tagen, denn so junge Vögel haben einen sehr raschen Stoffwechsel.

Ist die erste Hürde jedoch genommen, betrachtet der kleine Sittich den Men-

schen innerhalb weniger Tage als Eltern- und Geschwisterersatz, und der Bann ist gebrochen: Man hat einen anhänglichen, auf den Menschen geprägten Wellensittich! Das ist zwar sehr schön, bedeutet aber auch viel Verantwortung, denn solch ein zahmer Vogel schließt sich später nicht mehr anderen Vögeln an und trauert, wenn er länger als einen halben Tag allein gelassen wird!

Es ist aber auch nicht tragisch, wenn der neu angeschaffte Wellensittich schon 3 oder 4 Monate alt ist. Bis zu einem Alter von ca. 6 Monaten lassen sich die meisten Wellensittiche noch zähmen — wenn es auch um so länger dauert, je älter sie sind. Dafür gibt es aber auch nicht so viele Um- und Eingewöhnungsprobleme!

Woran erkenne ich einen Jungvogel?

Ein ganz junger, eben selbständiger Wellensittich hat noch einen kürzeren Schwanz als ein Altvogel und ganz dunkle Augen (schwarz oder rot) ohne hellen, das innere Auge umgebenden Irisring. Der helle Irisring wird meist erst mit 5—6 Monaten deutlich. Alle Farbschläge mit dunkler, sogenannter normaler Wellenzeichnung tragen außerdem ein deutlich erkennbares »Jugendkleid«: Die Wellenzeichnung zieht sich über die hellere Stirn bis zur Nasenwurzel. Die Grundfarben in Grün und Blau sind stumpfer, weniger leuchtend, und die im Alter runden, meist deutlich abgesetzten Kehltupfen sind entweder nur angedeutet oder zeigen sich als unsaubere Strichelung. Bei den ganz hellen Wellensittichen wie den gelben, weißen und hellen Schecken sind diese Merkmale allerdings nicht vorhanden, doch die rein dunklen Augen zeigen auch sie.

Junge Wellensittiche kann man auch an der unterschiedlich gefärbten Nasenhaut (im Vergleich zu Altvögeln) erkennen: Junge Männchen besitzen eine einfarbig rosa-bläuliche Nasenhaut, alte Männchen (mit Ausnahme weniger Farbschläge) eine leuchtend blaue.

Junge Weibchen besitzen eine weißbläuliche Nasenhaut; die inneren Nasenlöcher sind immer weißlich umrandet; alte Weibchen zeigen eine dunkelbraune oder kalkweiße Färbung der Nasenhaut.

Im übrigen kaufen heute mehr und mehr Händler von Züchtern, die in Verbänden organisiert sind. Diese Züchter beringen ihre Vögel mit geschlossenen Ringen, die nur in den ersten Lebenstagen angelegt werden können und nicht mehr zu lösen sind. Auf solchen Ringen ist jeweils neben Laufnummern der Geburtsjahrgang eingestanzt, so daß mit dem Alter wenig-

stens nach Jahren kein Betrug mehr vorkommen kann. Es ist ratsam, nach solchen Sittichen zu fragen, selbst wenn sie etwas teurer sind.
Eine der berühmten Ausnahmen von der Regel bilden die Rezessiven oder »Harlekin«-Schecken (auf gelbem oder weißem Grund mit dunklen Tupfen übersät, mit grünem oder blauem Bauch). Sie bekommen auch mit zunehmendem Alter keinen hellen Irisring; ihre Augen bleiben zeitlebens einfarbig dunkel. Die Männchen entwickeln auch keine blaue Nasenhaut, sie bleibt für das ganze Leben rosa wie bei Jungvögeln. Das gleiche gilt für die mit ihnen nahe verwandten ganz gelben oder weißen Sittiche mit schwarzen Augen, nicht für die mit roten. Bei diesen Vögeln kann man sich altersmäßig also nur auf den Ring verlassen.
Die allmähliche Umfärbung durch Mauser (Federwechsel) ins Erwachsenenkleid setzt mit dem 3.–4. Monat ein und ist mit dem 8.–9. Monat abgeschlossen. Zunächst erscheinen einige helle Federn an der Stirn, bis sie ganz gelb oder weiß ist. Die neuen Federn an Brust und Rumpf sind intensiver grün oder blau, die ersten runden Kehltupfen zeigen sich, und die neuen Schwingen und Schwanzfedern werden länger. Wellensittiche in diesem Übergangsstadium sind nicht sonderlich ansprechend, doch ist der Zustand ja vorübergehender Natur, und solange die Jugendmauser nicht abgeschlossen ist, gewöhnen sich auch solche Vögel bald an eine neue Umgebung und können noch zahm werden.

Männchen oder Weibchen?

Weibliche Wellensittiche sind im allgemeinen nicht ganz so sprechbegabt wie die Männchen. Sie sind dafür weniger stürmisch, wollen weniger fliegen und lernen leichter Tricks. Verärgert neigen manche Weibchen dazu, etwas härter zuzuzwicken.
Zur genauen Geschlechtsbestimmung gehört jedoch schon etwas Übung, und Irrtümer kommen immer wieder einmal vor. Vor allem sollte man Vergleichsmöglichkeiten haben und mehrere Vögel genauer anschauen. Wie wir schon bei der Unterscheidung Jung- oder Altvogel gelernt haben, gibt die Färbung der Nasenhaut einen wesentlichen Hinweis, ob es sich um ein Wellensittich-Männchen oder ein Wellensittich-Weibchen handelt.
Nochmals:
Junge Männchen besitzen eine rosabläuliche Nasenhaut, alte Männchen eine leuchtend blaue.
Junge Weibchen besitzen eine weißbläuliche Nasenhaut mit weißlich umrandeten inneren Nasenlöchern, alte Weibchen haben eine dunkelbraune oder kalkweiße Nasenhaut.

Das neue Zuhause

Bevor der Wellensittich (oder die Wellensittiche) eintrifft, sollte das neue Zuhause schon vorbereitet sein und der Käfig am endgültigen Standort stehen. Fortgesetztes Umstellen, um vielleicht noch einen besseren Standort zu finden, nimmt der Vogel — besonders in der Eingewöhnungszeit — sehr übel!

Welcher Käfig ist der richtige?

Wellensittich-Käfige gibt es in verschiedenen Größen, Farben und Formen und ganz unterschiedlichen Preisklassen — je nach Geschmack und Geldbeutel. Geräumige Käfige, die länger als hoch sind, mit quer verlaufenden Gitterstäben, einer Plastikschale — der leichteren Reinigung wegen — und einer festzustellenden Tür (zur Seite oder nach oben hin), die nicht zum Fallbeil werden kann, haben sich bestens bewährt.
Drei Grundbedingungen muß der Käfig jedoch erfüllen:

1. Er muß groß genug sein, damit sein Bewohner sich auch ausgiebig rekken und strecken und auch ein Stückchen darin herumfliegen kann.
2. Die Gitterstäbe müssen quer verlaufen, da Wellensittiche gerne und gut klettern und dies bei senkrecht verlaufenden Stäben nur schlecht möglich ist.
3. Er muß leicht zu reinigen sein.

Sehr praktisch sind Käfige, die sich auch nach oben öffnen lassen, wobei Kletter- und Spielgerät nach außen klappen und für den frei fliegenden Vogel leicht zugänglich sind. Solch ein Käfig wird schnell zum Standplatz frei fliegender Vögel werden, da sie leicht nach innen zu Futter und Wasser gelangen können und das liebgewordene Spielzeug offen zur Verfügung steht. Für den Pfleger liegt der Vorteil solcher Käfige darin, daß die Vögel ihre Umgebung nicht so sehr verschmutzen, denn wenn sie an ihrem »Lieblingsstandort« spielen, fallen Kot und ausgehende Federn auf den Käfigboden.
Da Wellensittiche für ihre Nagefreudigkeit bekannt sind, eignen sich Käfige mit Metallstäben am besten. Bei vermessingten Käfigen braucht man heute keinen Grünspanbefall mehr zu befürchten, da das Material entsprechend behandelt ist.

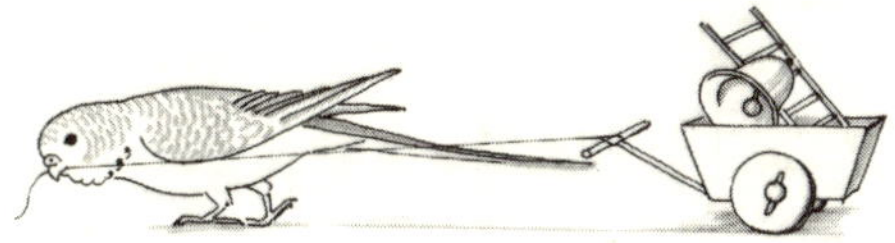

Früher wurde immer wieder vor runden Käfigen gewarnt, in denen die Vögel die sogenannte »Drehkrankheit« bekommen sollten. In der Zwischenzeit haben auch die runden Käfige an Schrecken verloren, da sie jetzt mit Quer- anstelle von Senkrechtgittern versehen sind und die meisten Wellensittiche auch nicht den ganzen Tag im Käfig sitzen müssen, sondern auch einmal frei fliegen dürfen.
Es gibt auch Käfige mit einer herausnehmbaren Glasscheibe über eine ganze Front. Sie lassen den Vogel voll zur Geltung kommen – sofern die Scheibe immer blank ist! Neben der häufigen Reinigung haben sie aber den Nachteil des fehlenden Direktkon-

Spiel-Vogelheim für Wellensittiche mit aufklappbarem Dach (Fa. Wagner & Keller)

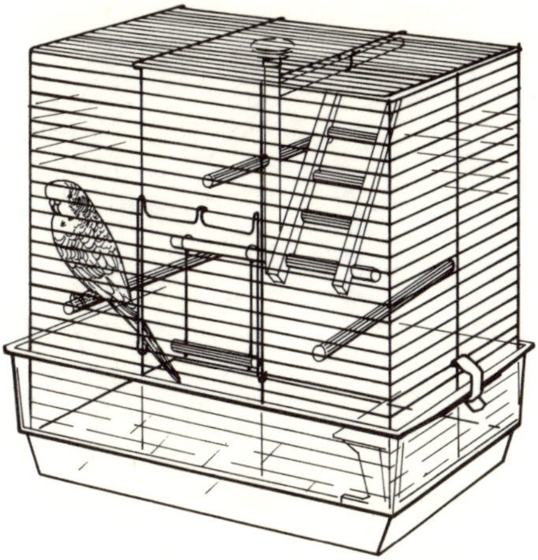

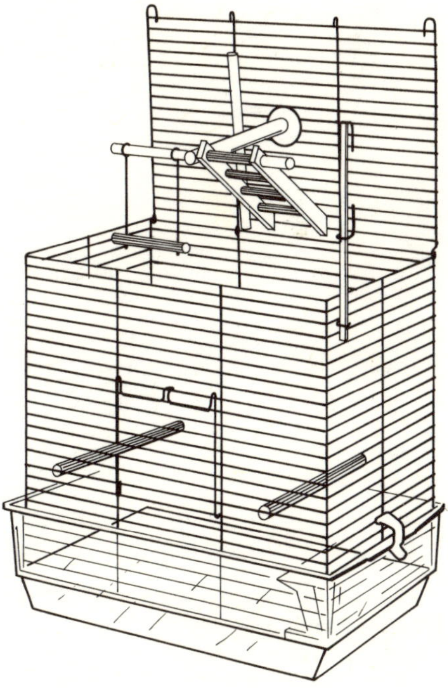

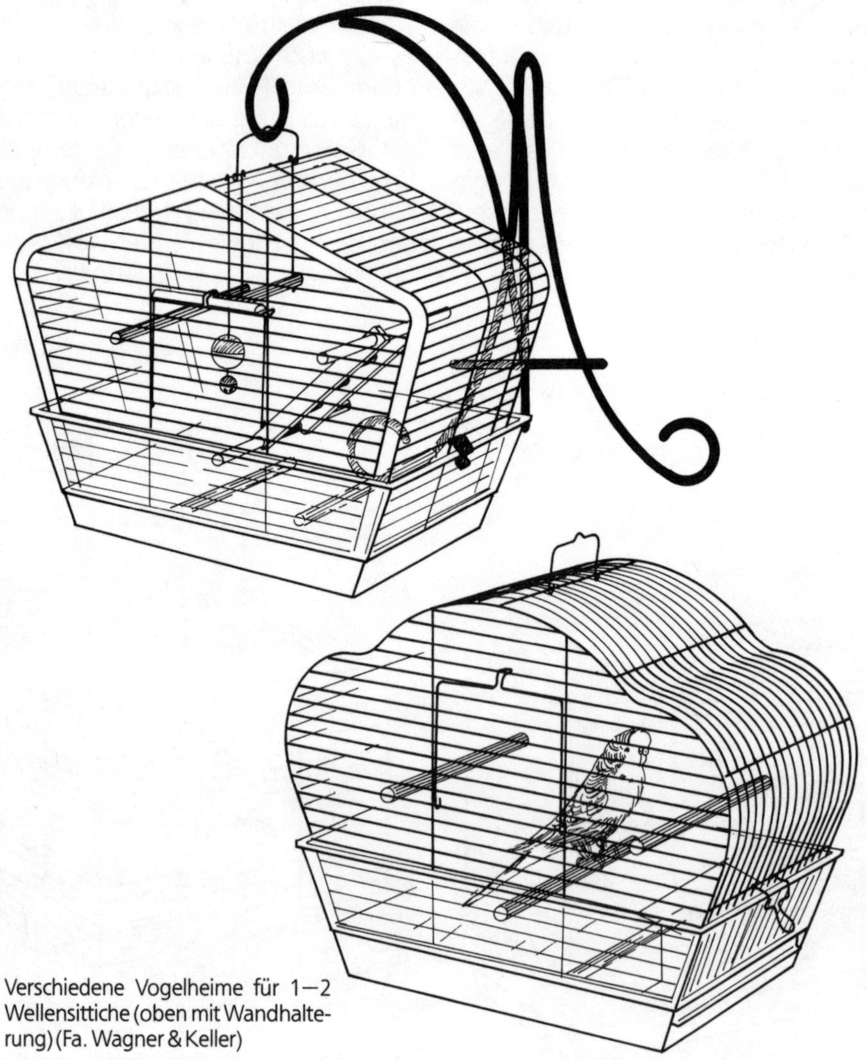

Verschiedene Vogelheime für 1–2 Wellensittiche (oben mit Wandhalterung) (Fa. Wagner & Keller)

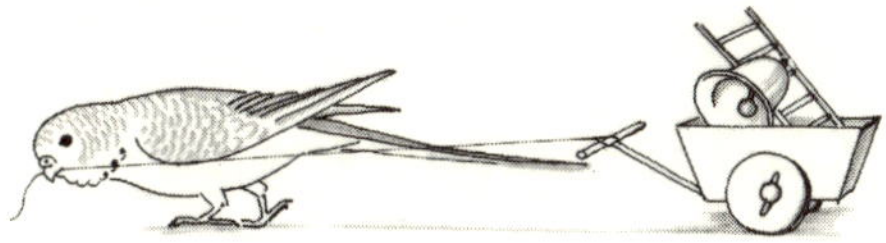

takts mit dem Vogel, der besonders während der Eingewöhnungszeit sehr wichtig ist.

Ab der Haltung von zwei Wellensittichen benötigt man einen *Flugbauer* oder eine *Kleinvoliere.* Auch diese Käfige gibt es in den verschiedensten Ausführungen und Preislagen. Hier ist es besonders wichtig, daß die Käfige leicht zu reinigen sind. Die größeren Flugbauer für zwei oder mehrere Wellensittiche haben je nach Größe 1–2 leicht herausnehmbare Schubladen für die Reinigung und je nach Preislage auch einen doppelten Boden, damit während der Reinigung der herausgezogenen Schublade keine »Pätzchen« aufs Parkett gelangen.

Zerlegbare Großvoliere für mehrere Wellensittiche (Fa. Wagner & Keller)

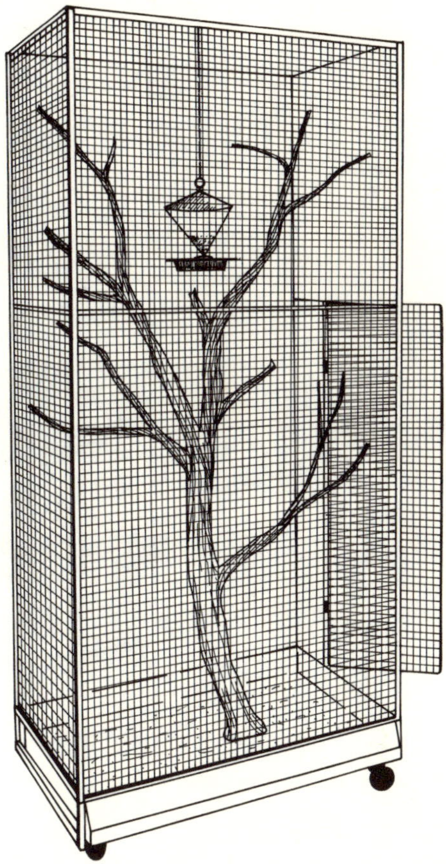

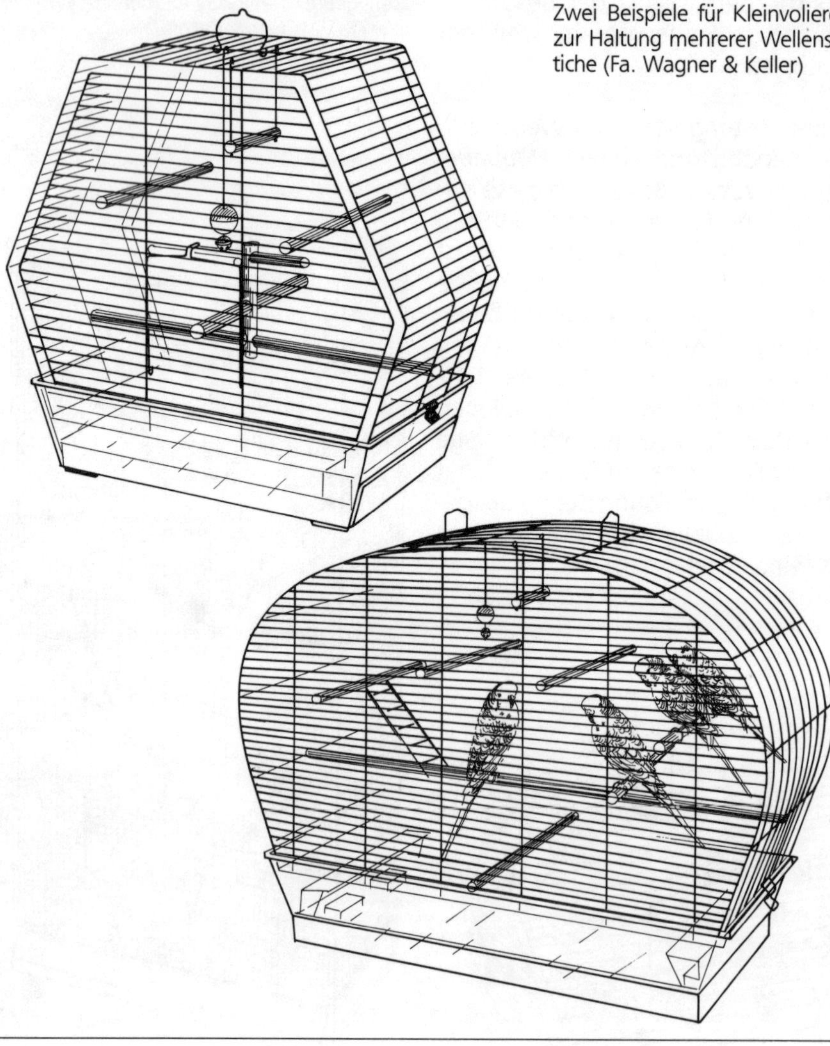

Zwei Beispiele für Kleinvolieren zur Haltung mehrerer Wellensittiche (Fa. Wagner & Keller)

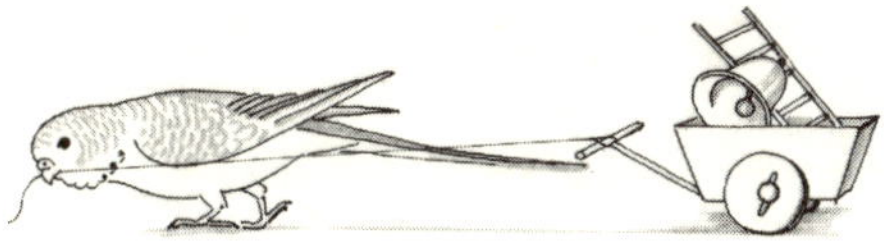

Ausstattung des Käfigs

Die Inneneinrichtung des neuen Vogelheimes sollte nicht zu überladen sein, damit sich der Vogel auch noch frei bewegen kann.
Alle Käfige sind serienmäßig mit dazu passenden, mehr oder weniger geeigneten *Futter-* und *Trinkgefäßen* versehen. Die genormten Gefäße sind leicht auswechselbar und meist mit einer Art Schutzdachvorrichtung versehen, damit sie nicht so leicht von oben her verschmutzt werden können. Das ist sehr vorteilhaft, doch die meisten Sittiche, die vom Züchter kommen, sind an so etwas nicht gewöhnt. Die Züchter verwenden in ihren Zuchtboxen und Volieren meist nur offene Gefäße oder Automaten. Darum sind neu erworbene Vögel in aller Regel nicht an eine Bedachung gewöhnt und finden zunächst Futter und Wasser nur schwer. Besonders »nestjunge« Wellensittiche verhungern häufig — zur großen Enttäuschung ihrer Besitzer, die sich den plötzlichen Tod ihres neuen Lieblings nicht erklären können. Darum sollte man in den ersten Tagen auf jeden Fall immer etwas Futter auf den Käfigboden streuen und einen Hirsekolben im Käfig anbringen. Finden die Vögel das Wasser nicht gleich, so ist das nicht so schlimm, da Wellensittiche als Steppenvögel tagelang ohne Wasser auskommen und außerhalb der Brutzeit überhaupt selten trinken. (Trotzdem sollte natürlich stets frisches Wasser zur Verfügung stehen!)
Neben diesen zur Standardausrüstung eines Wellensittich-Käfigs gehörenden Futter- und Trinkgefäßen gibt es im Handel aber auch noch eine Menge anderer in verschiedenen Größen und Formen, die man einfach in Höhe der Sitzstangen zwischen die Metallstäbe klemmt oder im Käfig aufstellt oder aufhängt.

Muß man den Vogel einmal übers Wochenende allein lassen und findet sich keine »Urlaubsvertretung« zum Füttern des Vogels, so sollte man auf jeden Fall je einen *Futter-* und *Wasserautomaten* verwenden. Diese Automaten kann man mit größeren Futter- und Wassermengen auffüllen, und sie haben noch den Vorteil, daß die Nahrung und das Wasser nicht verschmutzen können. Auf jeden Fall aber muß das alleingelassene Tier sich zuvor an diese Automaten gewöhnt und gelernt haben, daraus zu trinken und zu fressen, und man muß vor dem Alleinlassen des Vogels noch einmal prüfen, ob Wasser und Futter auch ungehindert durch- und nachlaufen können!

Verschiedene Futter- und Wasserspender (Fa. Wagner & Keller)

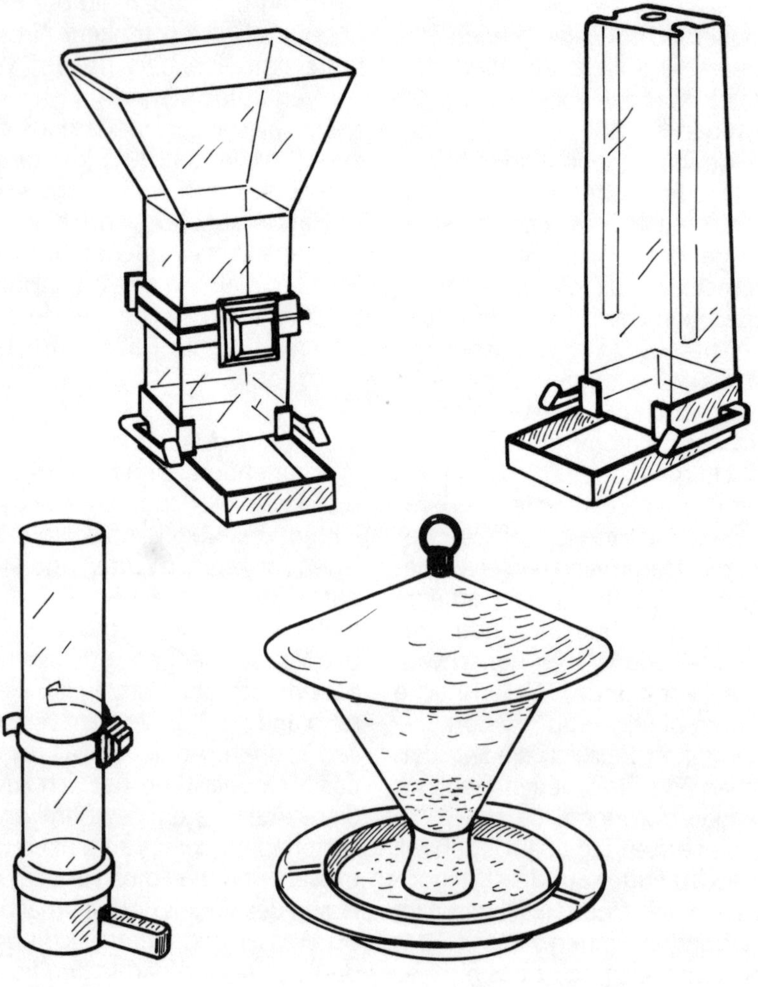

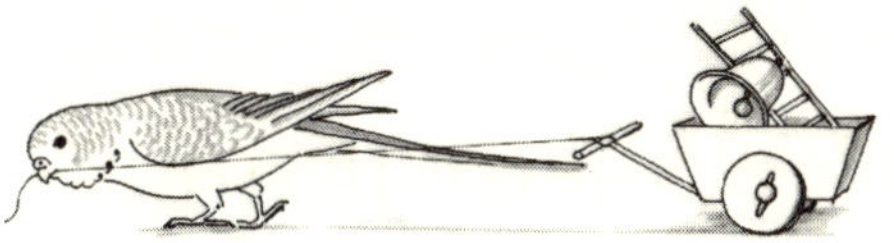

Ein *Badehäuschen* wie für Kanarienvögel und Verwandte ist für Wellensittiche nicht unbedingt notwendig, denn freilebende Wellensittiche baden selten, manche gar nicht. Sie reinigen ihr Gefieder mit Hilfe des Schnabels unter Einbeziehung der Fettdrüse am Bürzel und ziehen einen Regenguß oder eine Abreibung in nassem Laub vor. Man kann seinen »Hansi«, wenn man will, an den Gebrauch eines Badehäuschens gewöhnen, indem man zum Wasser ein paar Salatblätter gibt, in denen der Vogel sich dann »wälzen« kann. Nach dem Bad muß man die Blätter jedoch entfernen, da nasser oder gar faulender Salat der Gesundheit schaden kann!

Spielzeug – ein Muß für oft über längere Zeit alleingelassene Einzelvögel – gibt es in den verschiedensten Ausführungen. Die kleinen Plastikbälle und Glöckchen sollten möglichst an einer ganz glatten Schnur oder an einem sehr engen Kettchen im Käfig aufgehängt werden. An faserigen Schnüren und grobgliedrigen Ketten hat sich schon mancher Wellensittich am Ringbein aufgehängt und ist qualvoll verendet, wenn nicht gleich Hilfe zur Stelle war, zumindest aber hatte er das Bein ausgekugelt bzw. kompliziert gebrochen (was schwer heilbar ist, wenn überhaupt!).

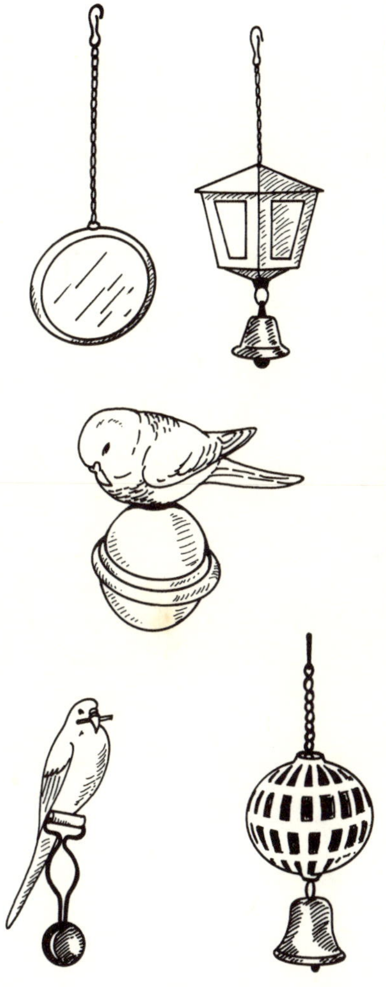

Kleine Auswahl an Spielzeug (Fa. Wagner & Keller)

Schaukel

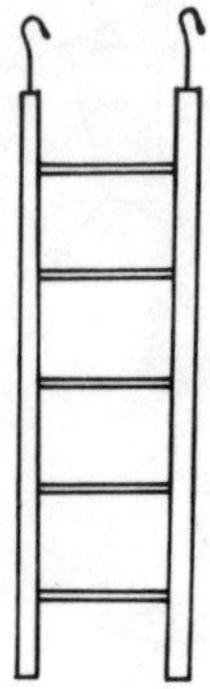

Leiter

Schaukelring

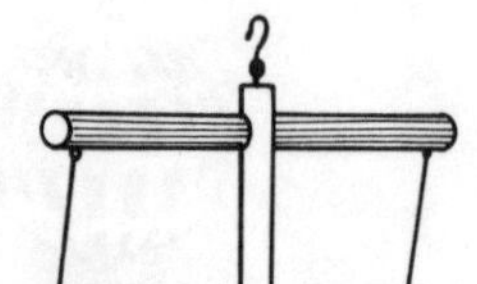

Spielbaum

Spiegel sind gleichfalls sehr beliebt, wenn auch die Erfahrungen hier geteilt sind: Das Spiegelbild gaukelt dem Sittich einen Artgenossen vor, was besonders in den ersten Wochen der Trennung sehr tröstlich für den Vogel ist. Erwacht aber später der Geschlechtstrieb, so wird der Spiegel im Versuch, den Artgenossen zu füttern, mit angedautem Futter verschmiert und auch sonst zu Ersatzhandlungen benutzt, die nicht jedermanns Geschmack sind. Der Geschlechtstrieb wird durch einen Spiegel also unnötig angeregt. Deshalb sollte man einen Sittichspiegel nur zeitweilig in den Käfig geben.

Schaukeln sind ebenfalls sehr beliebt und dienen vielen Sittichen nach einiger Zeit sogar als bevorzugter Schlafplatz.

Spielbogen zum Aufsetzen auf den Käfig (Fa. Wagner & Keller)

Naturgemäße Ernährung

Die wildlebenden Wellensittiche der australischen Steppe ernähren sich in der Hauptsache von verschiedenen Grassamen, die sie in allen Reifestadien zu sich nehmen – demnach ist auch das wichtigste Grundfutter für unsere »Hansis« und »Peterles« eine Körnermischung aus verschiedenen Sämereien.

Grundsätzlich: Körner!

Sittichmischungen werden beim Zoofachhandel, aber auch schon in Supermärkten, fertig abgepackt von den verschiedensten Firmen angeboten. Die meisten Markenmischungen sind gut, solange die Ware nicht überaltert ist. Renommierte Firmen drucken heute schon Verfallsdaten auf ihre Packungen, bei anderen steht zumindest das Abpackdatum auf der Packung. Je älter diese Futtermischungen sind, desto mehr verlieren sie an Vitaminwert, und überaltertes Futter (länger als 12 Monate abgepackt) – einst noch so gut – kann zu Mangelerscheinungen führen!

Die fertigen Futtermischungen enthalten verschiedene Sorten von Hirse, entweder zu gleichen Teilen oder mehranteilig für diese oder jene Sorte, je nach Großhandelsangebot, das etwas schwankend ist. Das schadet nichts, solange die Ware frisch, sauber und vor allem keimfähig ist, obwohl die Vögel teils individuell, teils grundsätzlich diese oder jene Sorte einer anderen vorziehen. Immer gern gefressen wird z. B. die weiße sogenannte *Silberhirse*, die blaßgelbe *Platahirse*, bestehend aus kleinen, mehr ovalen Körnern, die noch kleinere, stumpfgelbe *Senegalhirse* und nicht zuletzt die graue und damit weniger ansehnliche *Japanhirse*.

Dagegen werden gerade die »am schönsten« aussehenden Sorten wie die goldfarbene *Marokkohirse* und die rote *Dakotahirse*, beide bestehend aus großen, runden Körnern, wegen der größeren Härte der Schalen meist nicht so gerne genommen. Wegen des »bunten Bildes« (sprich: Der Mensch kauft mit den Augen, nicht unbedingt der Vogel) bestehen aber die meisten Fabrikanten darauf, diese Sorten beizumischen. Wenn man sich sein Futter jedoch in der Zoofachhandlung selber aus offener Ware mischen läßt – wozu in guten Geschäften

durchaus die Möglichkeit besteht –, kann man diese beiden Arten ohne weiteres weglassen. Wichtig in einer guten Mischung sind dagegen allermindestens 15% *Glanz* (das sind die länglichen, spitzen Körnchen im Futter, auch unter dem Namen »Kanarien- oder Spitzsaat« bekannt), besser das Doppelte, also 30%! Damit hapert es leider immer noch in vielen Mischungen, obwohl der Glanz in den letzten Jahren als eines der wenigen Futtermittel eher billiger geworden ist. Wer also gezwungen ist, eine bestimmte Mischung mit zu wenig Glanzanteil zu kaufen, weil sein Zoohändler keine andere führt oder weil eine Großpackung im Supermarkt billiger ist, der sollte auf jeden Fall eine entsprechende Menge Glanz hinzukaufen. (Die bekommt er allerdings nur im Fachgeschäft.)

Fast jede Wellensittichmischung enthält noch 2–5% geschälten *Hafer* (Haferkerne) – nährstoffreich und darum gut, aber nicht mehr, da besonders Käfigvögel sonst zu leicht fett werden, was ihrer Gesundheit und ihrer Lebensdauer abträglich ist.

Von dieser Körnermischung, dem Grundfutter also, reichen 2 gehäufte Teelöffel pro Tag und Vogel vollkommen aus, obwohl die Futteraufnahme von Vogel zu Vogel unterschiedlich ist und nach Untersuchungen von MÜLLER-BIERL pro Tag zwischen 1–19 g liegen soll (wobei mir die Untergrenze zu gering, die Obergrenze jedoch zu hoch angesetzt erscheint).

Wellensittiche überfressen sich im übrigen nicht so leicht, so daß eine ¾-Füllung eines normalen Futternapfes für den Einzelvogel angemessen ist. Bei richtiger Fütterung befinden sich nach dem Abblasen der leeren Hülsen am anderen Tag immer noch einige ganze Körner im Napf.

> Das Abblasen der leeren Hülsen ist sehr wichtig und sollte bei jungen Sittichen sogar halbtäglich geschehen, denn bekanntlich enthülsen diese Vögel die Körner so, daß die leeren Hülsen überwiegend in den Napf zurückfallen, so daß der Napf bald eine ziemlich dicke Schicht leerer Hülsen an der Oberfläche enthält. Es sind deshalb junge, unerfahrene Wellensittiche verhungert, weil sie entweder das Futter darunter nicht mehr fanden oder weil der noch unerfahrene Vogelhalter glaubte, der Napf sei noch ganz voll!

Ältere Sittiche dagegen werfen die Hülsen mit ein paar kräftigen Schnabelhieben aus dem Napf, um an das darunter befindliche Futter zu gelan-

gen, und finden sie keines mehr, machen sie sich schon sehr bald durch lautes Geschimpfe bemerkbar. Doch so weit sollte man es nicht kommen lassen, da der Stoffwechsel beim Wellensittich sehr rasch ist. Schon wenige Stunden ohne Nahrung, ausgenommen die in Ruhe verbrachten Nachtstunden, können einen Wellensittich erheblich schwächen und anfällig für Krankheiten werden lassen.

Eine zusätzliche Fütterung mit einheimischen halbreifen *Gras-* und *Getreideähren* ist außerordentlich wertvoll — und hilft zudem Futter (und Geld) sparen. Ein Strauß davon in den Käfig gehangen, beschäftigt den Vogel stundenlang! An Getreide kommen vor allem in den Monaten Juni und Juli Hafer und Weizen in Frage. Aber wie gesagt: In Maßen verfüttern! Grassamen findet man ab Juni bis in den Herbst hinein. Hier muß man ausprobieren, was dem Vogel am besten schmeckt. Wichtig ist nur, daß die Grasrispen und -ähren frisch sind und nur in sauberem, chemisch unbehandeltem Gelände gesammelt werden!

An Körnerfutter ist noch die *Kolbenhirse* zu erwähnen, die in reifen Kolben von 10—30 cm Länge — allerdings nicht gerade billig — im Handel ist. Dieses Futter wird wie kein zweites von praktisch allen Körnerfressern bevorzugt verzehrt und auch von ganz jungen, kranken oder alten Vögeln sehr gut vertragen. Kolbenhirse sollte jedoch auch nur mit Maßen — als Lekkerbissen, Belohnung, Aufzucht- oder Krankenkost — verfüttert werden. Zuviel Kolbenhirse führt leicht zu Verfettung! Einem nestjungen Wellensittich z. B. wechseln wir bis zu einem Alter von 5 Monaten den zusätzlich eingehängten Kolben deshalb immer erst aus, wenn er vollständig ausgefressen ist. Ab einem Alter von 5 Monaten sollte man höchstens einen Kolben pro Woche anbieten!

Sämereien können in trockenem Zustand, gequellt oder gekeimt angeboten werden, wobei trockene Sämereien immer zur Verfügung stehen sollten, angequollene oder keimende Körner dann auf jeden Fall, wenn sonst kein Grünfutter zur Verfügung steht. In den gekeimten Körnern findet eine Umwandlung von Fett, Protein und Stärke in einfachere Stoffe und eine Zunahme des Vitamin B statt.

Angequollene Sämereien stellt man her, indem man die zur Fütterung vorgesehene Körnermenge gut mit lauwarmem Wasser durchspült und dann 12—24 Stunden in einer Schale, gerade eben mit lauwarmem Wasser bedeckt, an einem warmen Ort ausquellen läßt. Vor dem Verfüttern läßt man

die angequollenen Sämereien in einem Sieb gut abtropfen und trocknet sie in einem Handtuch leicht an. Nicht gefressene »Quellsamen« müssen am Abend wieder aus dem Käfig genommen werden. Sie werden sauer oder schimmeln mit der Zeit, in keinem Fall sind sie dann mehr eine geeignete Nahrung für unseren Sittich!

Zum *Auskeimen* schüttet man die Körner möglichst flach in größere Schalen oder Blumentopfuntersetzer und läßt sie mit lauwarmem Wasser bedeckt ca. 24 Stunden an einem warmen Ort stehen. Dann wird das Wasser abgegossen, die Körner werden in einem Sieb unter der Wasserleitung gründlich durchgespült, abgetropft und anschließend wieder in der Schale — jedoch mit einer Glasscheibe bedeckt — nochmals 24 Stunden im Warmen stehengelassen. Nach dieser Zeit erkennt man an den stark aufgequollenen Körnern kleine weiße Wurzelkeime — das richtige Stadium zum Verfüttern ist damit erreicht. Auch beim Keimfutter müssen nichtgefressene Reste aus dem Käfig entfernt werden. Die Keimfutternäpfe müssen vor der nächsten Füllung gründlich mit der Bürste und heißem Wasser gereinigt werden, da die Reste leicht säuern und schimmeln!

Grüne Keimlingskulturen lassen sich ebenso leicht herstellen, indem man etwas Hirse und Glanz in Kästen oder Blumentöpfen in gute Blumenerde sät, die Behälter an einen feuchtwarmen Ort stellt (im Sommer am besten auf den Balkon). Die grünen Keimlinge werden verfüttert, wenn sie ca. 2—3 cm weit aus dem Boden herausgewachsen sind.

Der Vogel lebt nicht vom Korn allein . . .

Ein jahrein, jahraus nur mit Körnern, womöglich auch nur trockenen, ernährter Wellensittich kommt einem Menschen gleich, der nur Kartoffeln und Brot ißt — obwohl das auch Grundnahrungsmittel sind. Das Zufüttern von Grün- und Saftfutter ist für Wellensittiche sehr wichtig, zumal sie in freier Natur trockene Körner ja auch nur während der paar Monate der Vollreife aufnehmen, in der übrigen Zeit aber die Pflanzenteile in allen Wachstums- und Reifestadien fressen. Das Zusatzfutter sollte möglichst abwechslungsreich, stets jedoch frisch und ungespritzt sein!

Salat ist immer sehr willkommen. Je nach Jahreszeit können wir Blatt-, Kopf- und Endiviensalat anbieten, jedoch stets nur kleine Mengen! Zuviel

Ernährung

Grünzeug, womöglich auch noch sehr feuchtes, führt leicht zu Verdauungsstörungen! Das Salatstück muß auf jeden Fall gut gewaschen und abgetropft sein; welke Reste werden so rasch wie möglich entfernt.

Weitere Abwechslung bieten *Möhren-* und *Gurkenscheibchen,* ein Stück süßer *Apfel* oder saftige *Birne* oder ein Stückchen *Feige*. Beeren werden nicht gerne gefressen, und auch die meisten Orangen sind zu sauer.

Wellensittiche sind sehr konservativ, was die Nahrungsaufnahme betrifft. Für sie gilt das Sprichwort: »Wat de Buer nich kennt, frett he nich«. Was sie noch nicht kennen, werden sie anfangs kaum anrühren. Hier ist Geduld angebracht! Berät man Leute, deren Vögel an Mangelerscheinungen leiden, bekommt man sehr oft zur Antwort: »Das nimmt mein Bubi nicht«, ebenso oft aber auch: »Das braucht mein Hansi nicht, denn auf der Futterpackung steht, daß alles Notwendige enthalten ist«. Woher kamen dann aber wohl die Mangelerscheinungen?? Angesichts der Pfennigbeträge für das beschriebene Zusatzfutter macht es gewiß nicht viel aus, unberührtes Welkes so lange fortzuräumen, bis der berühmte Groschen beim »Hansi« gefallen ist. Und wenn darüber 14 Tage vergehen sollten, eines Tages wird er davon probieren und danach bald auf solche Leckerbissen warten!

Das gilt übrigens auch für *frische Baumzweige* zum Nagen, vor denen viele Wellensittiche zunächst Angst haben, wenn man sie zum erstenmal einbringt. Für Leute, die mitten in der Großstadt wohnen, sind die Baumrindenscheiben zum Nagen als Ersatz für frische Zweige brauchbar; doch gibt es an sich immer noch in städtischen Parkanlagen, Friedhöfen usw. genug Möglichkeiten, ein paar frische Zweige abzuschneiden, und jeder Obstgärtner ist im Frühjahr froh, wenn er sie nach dem notwendigen Baumschnitt los wird.

Wer am Stadtrand oder gar auf dem Lande wohnt, hat viele Möglichkeiten, außerordentlich bekömmliche und preiswerte Zusatznahrung auf Spaziergängen durch die Natur zu finden. Am bekanntesten und bei Wellensittichen am beliebtesten ist vor allem die *Vogelmiere (Stellaria media),* die fast das ganze Jahr über in Gärten und auf vorübergehend brachliegendem Land wächst. Man kann sie auch aus manchen Gärtnereien beziehen, muß nur sicher sein, daß sie nicht mit Chemikalien behandelt wurde. Das gilt auch für die Entnahme von bestellten Feldern, solange die Landwirtschaft leider immer noch mit giftigen Unkraut- und Insektenbekämpfungsmitteln arbeitet.

Davor muß ernsthaft gewarnt werden, denn so mancher Vogelliebhaber hat auf diese Weise schon ungewollt seine Tierchen vergiftet! Von der Vogelmiere wird eigentlich die ganze Pflanze gern gefressen, besonders wenn die Vögel sie selten bekommen, am liebsten jedoch die Samenkapseln. Fast jede Art von *halbreifen Wiesengräsern* kurz vor der Mahd ist den Wellensittichen als Naturfutter besonders willkommen. Ähnlich ist es mit *halbreifen Getreideähren,* besonders von Hafer und Weizen – nicht zu vergessen *halbreife Sonnenblumenkerne,* in Form eines »Tortenstückchens« aus der Blume geschnitten, und noch »milchige«, also *weiche Maiskolben!* Von den beiden letztgenannten Zusatzfuttermitteln darf man nur nicht zu viel geben, da sie eine »leicht durchschlagende« Wirkung haben. Auch sollte der Bauer besser vorher um Erlaubnis gefragt werden, damit man nicht wegen Flurschadens belangt wird. Wer selber einen Garten hat, kann sich manches Grünfutter eigenhändig heranziehen oder, wenn er die lästige Vogelmiere nicht gleich alle aus den Beeten reißt, diese beste Vogelfutterpflanze ohne Zutun ernten.

Wenn auch in der Zeit solcher Gaben das Körnerfutter womöglich verschmäht wird, so muß es doch immer ausreichend zur Verfügung stehen, um Durchfällen vorzubeugen, um so mehr, wenn Wellensittiche Saftfutter noch nicht gewöhnt sind.

Ebenso wichtig: Mineralien

Sehr wichtig zur Gesunderhaltung des Vogels ist auch ein *Kalkstein,* der als »Wellensittich-Pickstein« von verschiedenen Firmen im Handel ist. Besonders junge Tiere benötigen viel Kalk zum Knochenaufbau, aber auch ältere Tiere brauchen Kalk regelmäßig zum Federwechsel.

Ob diese Steine grün, weiß oder rosa sind, ist nicht so wichtig, auf ihre Inhaltsstoffe und die Konsistenz kommt es an. Gute Kalksteine sollten neben Kalk verschiedene Mineralien enthalten, die ein Sittich ebenfalls benötigt, und sie sollten weder zu hart noch zu weich sein. Zu harte Kalksteine werden ungern angenommen, zu weiche manchmal binnen weniger Stunden als Zeitvertreib zerbröselt, wobei die Reste auf dem Käfigboden verschmutzen und ihre Bedeutung verlieren. Ein Nebeneffekt beim Kalksteingebrauch ist das Abwetzen des Schnabels, der bei einem Käfigvogel mangels natürlicher Betätigung nicht selten über Gebühr lang weiterwächst und dann re-

gelmäßig beschnitten werden muß. (Davon wird jedoch bei der Pflege noch die Rede sein.)

Wer zusätzlich zum Kalkstein Mineralien aus der Natur anbieten möchte, kann eine kleine Handvoll gemahlener *Schalen von gekochten Hühnereiern* unter den Bodensand mischen. Bitte keine rohen Hühnereierschalen geben, da hier eine größere Gefahr von Bakterienübertragung vorhanden sein kann. Sehr gern genommen werden auch die kalkhaltigen Sepiaschalen, die der Fachhandel gleich in passenden Käfighaltern anbietet. *Sepiaschalen* sind die stark kalk- und mineralhaltigen Rückenpanzer einer Tintenfischart, die auch in unseren nördlichen Meeren vorkommt. Man findet sie deshalb auch an den Stränden der Nord- und Ostsee und kann saubere Stücke während des Badeurlaubs sammeln, sollte sie dann aber vor Gebrauch 2—3 Tage in sauberes Wasser legen, damit der sehr starke Salzgehalt reduziert wird. (Etwas Kochsalz ist den Wellensittichen durchaus bekömmlich. Bei Wellensittich-Weibchen soll das Salz — in größeren Mengen aufgenommen — jedoch zu Legenot führen!)

Alle Körnerfresser brauchen kleine Steinchen, die in ihrem Kropf als »Mahlsteine« zur Aufbereitung der Körnernahrung dienen. Diese Steinchen werden mit der Zeit selbst zerrieben und müssen daher ständig erneuert werden. Aus diesem Grund müssen Wellensittiche ständig zumindest *grobkörnigen Sand* zur Verfügung haben. Da alle Vögel außerdem für Knochen- und Gefiederaufbau viel Kalk und andere Mineralstoffe benötigen, hat man einen besonderen Vogelgrit entwickelt, der aus feinen Muschelteilchen und anderen natürlichen mineralischen Bestandteilen besteht. In gutem Vogelsand ist *Muschelgrit* bereits enthalten. Wer anderen Sand verwendet, kann reinen, nicht zu groben Muschelgrit im Zoofachgeschäft kaufen und dem Sand beimengen oder extra reichen.

Das wär's eigentlich schon zur naturgemäßen Ernährung unseres Wellensittichs.

Notwendige Leckerbissen?

Fast alles, was sonst noch so an Zusatznahrung in manchen Geschäften angeboten wird, ist eigentlich nicht nötig — manches sogar eher schädlich. Gedacht ist dabei vor allem an *»Leckerherzen«, »Knusperstangen«,* »Sprechperlen« und ähnliches. Diese Herzen

und Stangen bestehen auch nur aus dem üblichen Körnerfutter, eingebettet in Glucose, wobei viel Zucker gar nicht so gut für Wellensittiche ist, wenn auch nicht unbedingt schädlich.
Die *»Sprechperlen«* bestehen aus den gleichen Körnern mit Zusatz von Lecithin zur Kräftigung des Nervensystems, um beim Sprechunterricht besser folgen zu können. Ein gesunder, sonst richtig ernährter Wellensittich hat das aber nicht nötig!
Das gilt auch für das gleichfalls angebotene *»Mausersalz«* zur Förderung des Federwechsels, der bei einem gesunden Vogel, sofern er das ganze Jahr über ausreichend Kalk bekommt, komplikationslos vonstatten geht.
Blieben noch ein paar Worte zu sagen über die nicht ganz naturgemäße Ernährung, denn viele Menschen können es ja doch nicht lassen, ihrem »Hansi« vom Tisch etwas anzubieten. Davon ist *Biskuitkuchen* noch am bekömmlichsten und wenn *Ei,* dann nur ein Stückchen von einem hartgekochten. Ein wenig *mageres gekochtes Rindfleisch* wäre auch noch als unschädlich zu nennen. Wirklich brauchen unsere Wellensittiche das alles jedoch nicht, und alle gewürzten und gesüßten Speisen sind von Übel! Man kann nicht oft genug davor warnen, denn die Kleintierarztpraxen sind voll von total verfetteten, oft schon leberkranken Wellensittichen, die in vielen Fällen nicht mehr zu retten sind – die Folge unnatürlicher Ernährung!

Auf die richtige Pflege kommt's an!

Zur richtigen Pflege eines oder mehrerer Wellensittiche gehören:

- Artgerechte Unterbringung
- Naturgemäße Ernährung
- Reinhalten des Käfigs und seiner Einrichtung, der Futter- und Trinknäpfe
- Schnabel- und Krallenpflege bzw. das Daraufachten, daß Schnabel und Krallen nicht überlang werden
- Gefiederpflege
- Vorbeugemaßnahmen gegen Krankheiten

Über die artgerechte Unterbringung, d. h. den Vogelkäfig und seine Einrichtung, haben wir schon ausführlich im Kapitel »Das neue Zuhause« berichtet.

Pflege

Hier nur noch einige grundsätzliche Bemerkungen zum

Standort des Käfigs:
Wellensittiche sollten einen hellen, luftigen Standort haben und wenn möglich auch Sonne abbekommen. Das heißt natürlich nicht, daß der Käfig ungeschützt und zugig oder gar in praller Sonne aufgestellt werden darf. Der Vogel muß auf jeden Fall vor Zugluft geschützt werden! Bei einem hellen, sonnigen Standort sollte das Tier auch die Möglichkeit haben, einen schattigen Platz im Käfig aufzusuchen.
An die Umgebungstemperatur stellen die Tiere keine besonderen Ansprüche, es dürfen nur keine krassen Temperaturschwankungen auftreten. Zimmertemperaturen zwischen 18–20 °C sind für die Haltung am geeignetsten – auch im Winter. Bei diesen Temperaturen ist auch das Gefieder viel glatter und farbenfreudiger als bei höheren.
Wer einen kleinen Schwarm Wellensittiche in einer Zimmervoliere hält, sollte diese lieber in einem kühleren Flur aufstellen als in einem stark geheizten Zimmer. Die Züchter halten im Winter nur 10–14 °C in ihren Zuchträumen und haben dabei beste Erfolge. Wer wiederum aus gesundheitlichen Gründen seine Wohnung auf 21 °C und darüber aufheizen muß, braucht keine Angst zu haben, daß sein Wellensittich darunter leidet. Er muß sich dann aber mit struppigem Gefieder und einer häufigeren Mauser abfinden.

Sauberkeit – oberstes Gebot

Je sauberer die Umgebung des Vogels, desto wohler wird sich das Tier fühlen. Zur Sauberkeit gilt auf jeden Fall folgendes:

> Futter- und Trinkgefäß sollten – wenn irgend möglich – täglich vor dem Neufüllen mit heißem Wasser ausgewaschen werden.

Der Käfig muß in regelmäßigen Abständen gesäubert werden. Bei der Haltung eines Einzelvogels wird es meist genügen, wenn man den Unterbau, d. h. die Plastikschale, einmal wöchentlich mit einer Bürste und heißem Wasser gründlich säubert und dann den Boden mit frischem Sand bestreut.
Bei der Haltung eines Pärchens oder eines Schwarmes wird man diese Prozedur dem Mehranfall des Unrates entsprechend häufiger vornehmen müssen. In den Schubfächern größerer Zimmervolieren braucht man nicht

unbedingt den gesamten Sand jede Woche auszuwechseln, schon um unnötige Staubbildung zu vermeiden. Dort genügt es, den Boden wöchentlich abzuharken und die unteren Sandschichten nach oben zu bringen und nur einmal im Monat den ganzen Sand auszuwechseln.
Einmal monatlich sollte man eine *»Generalreinigung«* vornehmen, d. h. außer dem Käfigboden auch die Gitterstäbe und die gesamte Inneneinrichtung gründlich mit Bürste und heißem Wasser behandeln.
Die modernen Käfige sind leicht von dem dazugehörigen Unterbau abnehmbar und entsprechend einfach zu reinigen. Solange die Sittiche noch nicht vertraut sind und während der Reinigung zum Freiflug im Zimmer entlassen werden können, werden sie — bei vorsichtiger Handhabe — auf den oberen Stangen sitzen bleiben, während man den Gitterteil abnimmt und solange auf eine Zeitungsunterlage stellt.

> Die Sitzstangen und wahrscheinlich auch die Schaukel werden je nach Bedarf unter heißem Wasser abgebürstet; meist wird dies schon nach zwei Tagen nötig werden.

> Welkes Grünzeug und Obst müssen auf jeden Fall abends aus dem Käfig genommen werden.

Schnabel- und Krallenpflege

Zur Schnabel- und Krallenpflege gehört, daß der Vogel zum einen genügend rauhe Klettermöglichkeiten besitzt, an denen sich die Krallen abwetzen können, zum anderen müssen immer wieder Zweige, Äste und Picksteine zum Nagen in den Käfig gegeben werden.
Ausgewachsene Krallen kann man meist gut erkennen, bemerkt es aber spätestens, wenn der Vogel häufig mit den Flügeln flattert, weil er irgendwo hängengeblieben ist.
Ältere Sittiche neigen trotz Naturästen und Pickstein mitunter zu stark wachsenden Zehennägeln, und manchmal wächst ihnen auch der Oberschnabel bis fast zum Hals hinunter über den Unterschnabel hinaus. Das wuchernde Horn muß dann an beiden Körperteilen periodisch auf ein normales Maß zurückgeschnitten werden, sonst wird der Vogel beim Klettern und auch bei der Nahrungsaufnahme stark behindert.

Pflege

Zum Krallenschneiden nimmt man den Vogel in Bauchlage in die linke Hand. Das Köpfchen liegt zwischen Zeige- und Mittelfinger, die anderen Finger halten einen Fuß so, daß die Zehen deutlich und ungehindert zu sehen sind. Die Zehen mit den Nägeln müssen nun gegen eine Lichtquelle gehalten werden, da nur im Gegenlicht die im Nagel verlaufenden Blutadern deutlich sichtbar sind. Diese Adern sollte man auf keinen Fall anschneiden, da sie ziemlich stark bluten und dem Vogel natürlich auch Schmerzen bereitet werden.

Wir müssen die ausgewachsenen Zehennägel wenige Millimeter oberhalb der auslaufenden Ader jeweils der gebogenen Wachstumsrichtung des Nagels folgend — nicht quer dazu — mit einer scharfen Nagelschere oder -zange abschneiden. Bei richtiger Behandlung spürt der Vogel von dieser Prozedur ebenso wenig wie wir beim Nägelschneiden, auch wenn er zappelt — dies aber nur, weil er ungern in Bauchlage gehalten wird.

Wer sich diese Behandlung nicht zutraut, kann zum »Nägelschneiden« auch zum Tierarzt gehen!

In aller Regel wird das Beschneiden von Zehennägeln oder Schnabel erst bei älteren Sittichen ab dem 4. oder 5. Lebensjahr notwendig. Ausnahmen gibt es immer einmal, insbesondere bei Vögeln, die schon im Jugendalter eine leichte und darum zunächst kaum auffallende Schnabelmißbildung aufweisen. Ursache ist meist eine unbeabsichtigte Verletzung des noch weichen, winzigen Schnäbelchens in den ersten Lebenstagen durch die Altvögel beim Füttern oder durch den Druck beim Hudern kopfstarker Bruten. Darum sollte man sich beim Erwerb eines Vogels auch den Schnabel genau anschauen!

> Das Beschneiden des Schnabels sollte man am besten dem Tierarzt oder einem erfahrenen Züchter oder Vogelhalter überlassen.

Gefiederpflege

Zur Gefiederpflege, aber auch zum allgemeinen Wohlbefinden gehören der tägliche Freiflug, die Haltung in nicht zu warmen und nicht zu trockenen Räumen und hin und wieder ein Dusch- oder Brausebad. Die aus wasserarmen Gebieten stammenden Wellensittiche sind nicht an das Baden in Wasserpfützen gewöhnt, kennen aber wohl die erfrischende Wirkung

eines Regengusses oder das »Baden« im feuchten Laub. Auch die meisten im Käfig gehaltenen Wellensittiche geben dem »Wälzen« in feuchten Salatblättern und dem Besprühen aus der Blumenspritze den Vorzug vor einem Bad im Badehäuschen. Es gibt aber eine »naturnahe« Duschmethode, mit der man dem zahmen »Hansi« eine große Freude machen kann — er muß sich aber auch erst an diese Methode gewöhnen: Wir tragen den handzahmen Vogel auf dem Handrücken ins Bad oder in die Küche und lassen ihn auf der Hand sitzend unter dem schwach laufenden Wasserhahn über dem Handwasch- oder Spülbecken duschen. Zur Angewöhnung lassen wir den Wasserhahn nur tropfen und sehen dann schon an der Reaktion des Vogels, ob ihm die Sache gefällt oder nicht.

Fliegt er gleich weg, so ist er entweder nicht zum Baden aufgelegt oder zunächst von den unerwarteten Wassertropfen erschreckt. Wir versuchen es dann eben am nächsten Tag wieder, so lange, bis der »Hansi« den Zusammenhang begreift — was bei den meisten Sittichen ganz bald der Fall sein wird.

Beginnt er dagegen gleich bei den ersten Tropfen das Gefieder zu putzen, so ist er auf Duschen eingestellt, und wir können das Wasser etwas stärker aufdrehen. Er wird es genießen und sich durch Aufplustern und Schütteln das Gefieder ganz durchnässen, um es dann mit dem Schnabel zu putzen und zu glätten — jetzt sollte der Wasserhahn zugedreht werden. Ein bis zwei Duschbäder nach dieser Methode in der Woche bekommen dem Wellensittich sehr gut und tragen viel zu einem glatten, glänzenden Gefieder bei.

Bei mausernden Vögeln verhelfen solche Duschbäder dazu, den Federwechsel rascher zu überwinden.

Die Duschbäder sollten möglichst vormittags vorgenommen werden, damit dem Vogel Zeit bleibt, sein Gefieder gründlich zu trocknen. Das Wasser darf nicht zu kalt, aber auch nicht zu warm sein. Handwarmes Wasser gefällt den Sittichen am besten, zu warmes ist ihnen unangenehm und führt ebenso wie zu kaltes leicht zu Erkältungen.

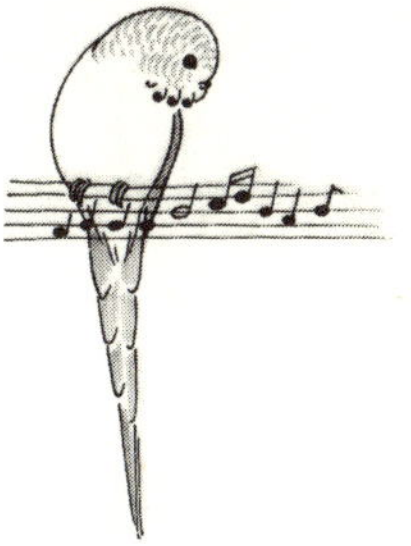

Die Eingewöhnung unseres neuen Hausgenossen

Ins neue Heim verbracht und vorsichtig in den vorbereiteten Käfig gesetzt, sollte man den Neuerwerb zunächst ganz in Ruhe lassen und auch noch so begeisterte Kinder von ihm fernhalten, bis er sich an die andere Umgebung gewöhnt hat. Das kann Stunden, mitunter aber auch Tage dauern, denn diese kleinen Vögel sind individuell ebenso verschieden wie wir Menschen:

Manche sitzen anfangs scheinbar traurig, jedenfalls ganz ruhig da, beobachten aber ihre Umgebung für uns unmerklich genau und beginnen zu toben, sobald sich ein ihnen noch unbekannter Mensch nähert. Andere klettern anscheinend »lustig« und unermüdlich im Käfig umher, stehen dabei Kopf und machen Überschläge oder kriechen auf dem Bauch über den Käfigboden, wobei sie den Kopf in jede Ecke zu stecken trachten, als wollten sie Verstecken spielen. Sie sind aber gar nicht lustig und noch weit entfernt vom Spielenwollen! Der Verhaltensforscher nennt ihr Tun eine »Übersprunghandlung« und beschreibt damit eine Verhaltensweise, die bei allen Tieren in Konfliktsituationen häufig ist. Mit diesen unmotivierten Turnübungen wollen sie sich selbst und ihre Beobachter von dem sie beherrschenden Angstgefühl ablenken. Mensch und Vogel müssen diese Zeit schlecht und recht durchstehen!

Beginnt der Sittich, seine ersten Körner zu picken, dann ist die erste Hürde meist schon überwunden. Sitzt das Tierchen danach wieder auf der Stange, in der Regel der obersten, und macht Verdauungsgeräusche (wetzendes Reiben des Ober- gegen den Unterschnabel, das an das Wiederkäuen des Weideviehs erinnert und eine ähnliche Funktion haben mag), kann sich der künftige Pfleger vorsichtig und mit ruhigen Bewegungen dem Vogel nähern. Bleibt das Tier sitzen, was mehrheitlich der Fall sein wird, so bringt man sein Gesicht behutsam in seine Nähe und spricht freundlich auf den Piepmatz ein. Was man zu diesem Zeitpunkt sagt, ist bedeutungslos und zählt in dieser Phase noch nicht zum Sprechunterricht, weil der Vogel noch viel zu aufgeregt zum Lernen ist. Vielmehr ist die erste positive Reaktion eines jungen Wellensittichs auf diese Annäherung durch den Menschen eine Art »Augenzwinkern«. Das darf man natürlich nicht vermenschlichen,

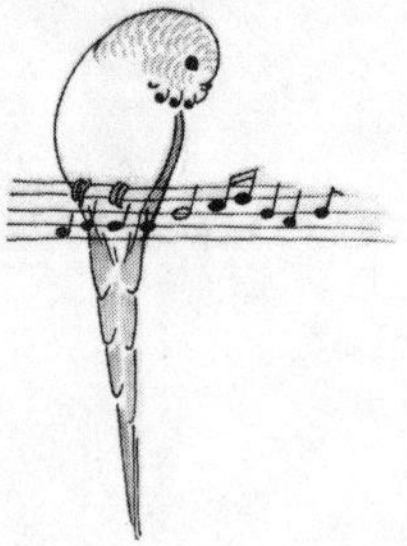

denn in der Mimik der Vögel hat es eine andere Bedeutung. Es meint in etwa: »Ich brauche vor dem großen Wesen keine Angst zu haben, seine Stimme beruhigt mich«. Fortan wird der Vogel kaum noch erschreckt flattern, wenn man an den Käfig tritt.
Mehrere Wellensittiche behandelt man genauso. Sie werden weniger mit dem »Augenzwinkern« reagieren, dafür aber von Beginn an nicht so schreckhaft sein, weil sie ja nicht allein sind, und wie wir ja auch wissen, macht Gemeinschaft stark.
Auf keinen Fall dürfen wir die Wellensittiche in den ersten Tagen aus dem Käfig lassen. Sie würden wild umhersausen, gegen Wände und Fenster fliegen und müßten mittels Besen und Tüchern wieder eingefangen werden — auf diese Weise bekäme man sie nie zahm! Die Käfigtür bleibt in den ersten 8 Tagen geschlossen. Der Käfig muß erst ihr vollkommen vertrautes Zuhause werden; sie müssen Zeit haben, von dort aus optisch die Umgebung zu erkunden. Darum ist es auch so wichtig, daß der Käfig stets am gleichen Platz bleibt. Ebenso wichtig ist das gewohnte Futter, von dem wir deshalb gleich aus der Zoohandlung oder vom Züchter einen kleinen Vorrat mitnehmen. Wir können später immer noch zu einer anderen Mischung übergehen, aber Umgebungs- und Futterwechsel auf einmal könnten die Gesundheit der Sittiche gefährden. Ein paar Hirsekolben (Kolbenhirse) sollten wir auch gleich mitnehmen. Als Dauerfutter sind sie zwar zu teuer und auch nicht gesund, da die Vögel davon leicht zu fett werden, aber während der Umstellung und ganz besonders für nestjunge Wellensittiche bedeuten sie Stärkungsfutter und Leckerbissen zugleich. Den Kolben bringen wir im Käfig so an, daß er von der obersten Stange für den Vogel erreichbar ist. Solch einem Anreiz wird selbst das schüchternste Vogelbaby nicht lange widerstehen können, und der erste Bann ist gebrochen!

Wie wird mein »Hansi« handzahm?

Oberstes Gebot zum »Zähmen« eines neuerworbenen Wellensittichs sind:

1. Keine hektischen Bewegungen
2. Mit den Zähmungsversuchen aufhören, wenn der Vogel unruhig wird
3. Geduld, Geduld und nochmals Geduld

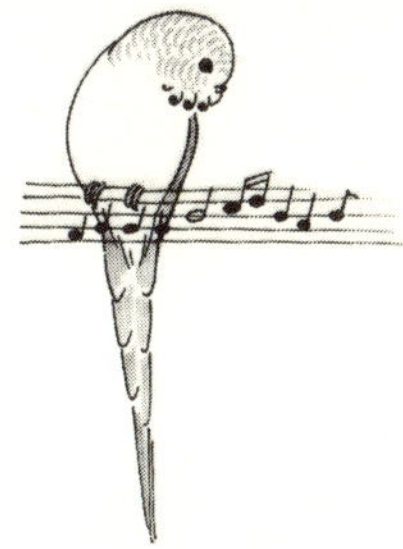

Eingewöhnung

Mit der Gewöhnung an die Hand sollte man schon während der ersten Tage im Käfig beginnen. Das ist besonders für den Einzelvogel wichtig, der ja möglichst binnen kurzer Zeit »fingerzahm« werden soll. Wir führen die Hand mit dem Rücken nach oben vorsichtig durch die Käfigtür und nähern sie dem auf der Stange sitzenden Vogel von vorn. Weicht er zunächst aus, womöglich auf den Käfigboden, so unterbrechen wir die Prozedur, bis er sich wieder beruhigt hat. Dann beginnen wir von neuem und versuchen, die Handkante sanft gegen seinen Bauch zu drücken. Geduld muß man schon dabei aufbringen, denn es klappt nicht immer auf Anhieb, aber allmählich wird er doch durch den ausgeübten Druck, der ihn nach rückwärts schiebt, auf die Hand klettern, um nicht das Gleichgewicht zu verlieren. Bleibt er dann ruhig auf der Hand sitzen, so haben wir schon gewonnen. Wir lassen ihn eine Weile sitzen, auch wenn die Zehennägel, mit deren Hilfe sich der kleine Piepmatz zunächst ängstlich festklammert, kein angenehmes Gefühl auf der Haut verursachen! Die ganze Zeit sprechen wir dabei beruhigend auf ihn ein und manipulieren ihn schließlich vorsichtig auf die Stange zurück. Springt er dabei ab, so ist das auch nicht schlimm. Er wird fortan kaum noch vor der Hand scheuen, und bald können wir ihn auch vorsichtig mit dem Finger am Kopf kraulen. Das lieben alle Wellensittiche sehr, weil sie das in freier Wildbahn auch gegenseitig mit dem Schnabel tun. Eine solche »soziale Gefiederpflege« betreiben Vögel, die in Gemeinschaft leben. Beim einzeln gehaltenen Wellensittich ersetzt der menschliche Finger den Sozialpartner, der Vogel gewöhnt sich schnell daran, und bald wird er sich bei Annäherung des Menschen ans Gitter pressen, um von außen mit dem Finger gekrault werden zu können. Das Köpfchen wird dabei schief gehalten oder heruntergebeugt, die Federn an der Stelle angehoben, an der er gekrault werden möchte.

Spätestens nach 8–10 Tagen sollte der Vogel handzahm sein, bei jüngeren Vögeln wird es meist etwas schneller gehen, ältere werden länger brauchen. Bevor aber die Vertrautheit mit der Hand nicht erreicht ist, sollten die Vögel nicht aus dem Käfig gelassen werden!

In einer größeren Familie sollten möglichst alle Familienmitglieder mit dem Vogel vertraut werden, ausgenommen Kleinkinder, die noch nicht das Gefühl dafür haben; größere Kinder kann man anleiten. Tierliebe Kinder machen das oft mit sehr viel Geschick und Geduld, wobei die höheren Stimmen von Frauen und Kindern dem

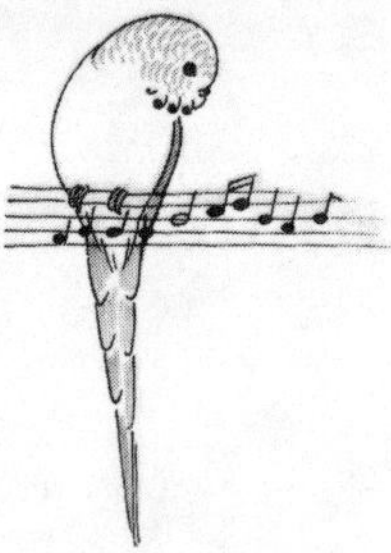

Wellensittichohr angenehmer, da verwandter sind. Männer mit tiefen Stimmen sind ihnen eher suspekt.
Die Gewöhnung an eventuell vorhandene andere Haustiere ist eine Sache für sich. Dazu gehört besonders viel Geduld und Einfühlungsvermögen, worüber die Fotos in manchen Illustrierten von der Katze mit einem Wellensittich auf dem Kopf nicht hinwegtäuschen sollten. Für jede Katze ist ein Vogel zunächst einmal ein Beutetier, alles andere ist Gewöhnungssache, aber auch dann sollten beide Tiere nicht lange miteinander allein gelassen werden! Beim Hund ist am Anfang die Eifersucht zu bekämpfen, weil sich zunächst alles um den Neuankömmling dreht, der Wauwau plötzlich nicht mehr der gewohnte Mittelpunkt ist. Doch das gibt sich bei vernünftiger gleichbleibender Behandlung, und die Bilder von Hund und Vogel, die aus einer Schüssel fressen, sind meist nicht gestellt.

Der erste Freiflug

Wenn der große Tag für den ersten Freiflug im Zimmer gekommen ist, muß man sich vorher genau versichern, daß

Türen und Fenster geschlossen,
Gardinen vorgezogen,
Heizgeräte außer Reichweite oder gut abgeschirmt sind,
keine offenen Wasserbehälter herumstehen,
die Steckdosen gut abgedeckt und auch keine giftigen Pflanzen in greifbarer Nähe sind.

Es ist unglaublich, wie oft freifliegende Wellensittiche — besonders am Anfang — an Gegenständen verunglükken, an die man gar nicht denkt. So hat z. B. das Knabbern am Lametta vom Weihnachtsbaum die Freude am lebendigen Weihnachtsgeschenk schnell verfliegen lassen! Auch Baden in heißer Suppe bekommt kaum einem Vogel, den merkwürdigerweise die dampfende Flüssigkeit zum Hineinspringen reizt! Solche »unmöglichen« Todes- oder zumindest Unfallursachen ließen sich noch viele aufzählen.
Für den Start zum ersten Freiflug gibt man — wie bereits gewohnt — vorsichtig die Hand in den Käfig. Wenn der Vogel ruhig darauf sitzt, zieht man die Hand mit dem Piepmatz darauf langsam aus dem Käfig. Selten wird der Vogel in der ungewohnten Umgebung des freien Raumes gleich durch-

starten. Er wird vorerst auf der vertrauten Hand bleiben oder am Arm entlang zur Schulter laufen, um sich einen höheren Punkt zu sichern. Von hier aus beginnt er dann, kleine Runden zu fliegen, um immer wieder zum schon gewohnten Menschen zurückzukehren. Auch wenn anfangs besonders gern der Kopf als höchster Punkt angeflogen wird, was wegen Frisur oder Glatze nicht jedermanns Sache ist, hat man gewonnen, wenn das Tier von selbst zurückkommt.

Man kann dem Sittich diesen Landeplatz später vorsichtig abgewöhnen, indem man ihm nach jeder »Kopflandung« die Hand hinhält. Wurde die Handgewöhnung richtig durchgeführt, so wird er nun von selber draufsteigen, sich wie ein Falke »abtragen« und sich auf der Hand auch in den Käfig zurücktragen lassen – was sehr nützlich ist, muß der Freiflug aus Zeitgründen abgekürzt werden.

Sollte der Sittich durch irgend etwas erschreckt doch gleich von der Hand in den Raum starten, so wird er nach einigen Runden einen der höchsten Punkte anfliegen, nicht selten die Gardinenstange, und vorerst keine Anstalten machen, von dort wieder herabzufliegen. Wir dürfen nun auf gar keinen Fall mit dem Besen oder einem ähnlichen Gerät hinter ihm herjagen, das würde das bißchen gewonnene Vertrautheit auf längere Sicht zunichte machen! Wir lassen ihn vielmehr ruhig gewähren und gehen inzwischen unserer gewohnten Beschäftigung nach, denn mit der Zeit bekommt er bestimmt Hunger. Was dann? Nun, wir halten ihm die gewohnte Hand mit dem gewohnten Futternapf darauf mit Hilfe des hochgehobenen Arms hin. Dem wird er nicht lange widerstehen können. Tut er es doch, so wiederholen wir diesen Versuch etwa alle 10 Minuten. Früher oder später wird er auf die Hand fliegen und gleich damit beginnen, hungrig Körner zu knacken, ohne sich groß stören zu lassen. So können wir ihn samt Napf in den Käfig zurücktragen, womit die erste Freiflugaktion beendet ist.

Mit der Zeit wird das immer besser gehen, und bald lernt der Wellensittich, von selber in den Käfig zu fliegen, sobald er Hunger hat, so daß man die Tür hinter ihm schließen kann.

Voraussetzung dafür ist allerdings, daß der Vogel niemals draußen gefüttert wird, auch nicht mit Leckerbissen! Alles Futter wird strikt im Käfig angeboten!

Aufmerksame Sittiche bekommen es bald heraus, wenn sie wieder eingesperrt werden sollen und noch nicht wollen. Selbst wenn sie gerade beim Futtern sind, fliehen sie dann rascher aus dem Käfig, als man bei gewöhnlicher Annäherung die Tür schließen kann. Dann muß man zu Tricks greifen: Mit Hilfe von einem Stückchen Kolbenhirse — sofern er die später nicht mehr ständig verfügbar hat — oder einem frischen Strauß Vogelmiere lockt man ihn direkt in den Käfig zurück; wenn er sich an den Leckerbissen macht, läßt sich die Käfigtür rasch schließen.

Alleingelassen sollte der Vogel nicht frei herumfliegen dürfen. Das gilt auch für die Dauer der menschlichen Mahlzeiten, an denen der immer neugierige Sittich zwar furchtbar gern teilnimmt, um möglichst alles zu probieren, bei denen er aber nichts zu suchen hat, weil ihm die meisten gewürzten oder gesüßten menschlichen Speisen nicht bekommen. Ein paar Kuchen- oder Weißbrotkrümel, auch ein Stückchen Ei oder Kartoffel schaden ihm zwar nicht, aber wenn er den Schwanz durch die Sauce zieht und damit über das frische Tischtuch marschiert, wird manche Hausfrau zu Recht daran Anstoß nehmen — und möglicher Besuch erst recht. Hinzu kommt die nicht ganz von der Hand zu weisende Ansteckungs- bzw. Übertragungsgefahr von Krankheiten, weshalb auch das beliebte »Küßchengeben« von Mund zu Schnabel und umgekehrt zumindest nicht zum »Dauerbrenner« ausarten sollte — so notwendig und beglückend die Tuchfühlung mit dem zahmen Vogel für Mensch und Tier bleibt!

Ist der Wellensittich einmal absolut nicht in den Käfig zurückzubekommen, so warten wir die Dämmerung ab und merken uns die Stelle, an der er sich zur Ruhe gesetzt hat. Wir ergreifen ihn dort rasch und fest mit der Hand und bringen ihn in den Käfig zurück. Das nehmen die wenigsten Sittiche lange übel, um so weniger, wenn jetzt noch eine Weile das Licht anbleibt, bis der Vogel sich vollständig beruhigt hat.

Ein Pärchen Wellensittiche gewöhnen wir genauso an den Freiflug, müssen bei diesen Tieren allerdings damit vorliebnehmen, daß sie uns nicht so häufig anfliegen und unseren Kontakt suchen, da sie ja miteinander beschäftigt sind. Sie stellen dafür gerne allerlei an, nagen z. B. Tapeten oder Möbel an, um sich auf diese Weise vielleicht eine Nesthöhle zu zimmern, zerrupfen den frischen Blumenstrauß, knabbern sich in der Gardine ein Guckloch heraus oder ähnliches. Aus diesem Grund sollten ein Pärchen oder gar noch mehr Sittiche erst recht nicht ohne Aufsicht frei herumfliegen dürfen.

Das Beaufsichtigen freifliegender Wellensittiche wird uns jedoch nicht langweilig werden. Die Beobachtung ihrer Flug- und aller möglichen anderen

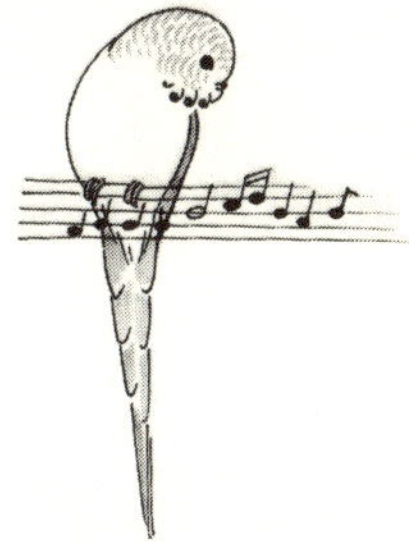

Spiele ist ungeheuer abwechslungsreich. Wenn einer was Neues entdeckt hat, folgen die anderen seinem Beispiel, z. B. mit Murmeln spielen, Büroklammern vom Tisch werfen, jede einzeln für sich, und jeder wird »nachdenklich« mit schiefgehaltenem Kopf nachgeschaut.

Mit Leckerbissen lassen sich auch mehrere gemeinschaftlich gehaltene Wellensittiche in den Käfig zurücklokken.

Es ist auch keine schlechte Methode, zunächst einen Vogel anzuschaffen, diesen so weit vorzuzähmen, daß er freiwillig zum Pfleger kommt, sich im Zimmer sicher bewegt und bei Appetit den Käfig selbständig wieder aufsucht. Dann erst wird ein weiterer Vogel oder mehrere angeschafft, die alsbald dem »Alteingesessenen« alles nachmachen werden und es auch bald ohne große vorangegangene Bemühungen wagen werden, zum Menschen zu kommen. Besonders nachdem sie gesehen haben, daß dem bereits zahmen Sittich dabei nichts passiert, im Gegenteil, daß er sogar gekrault wird.

Einen Sittichschwarm, der im Flugbauer, besser noch in einer Zimmervoliere gehalten wird, braucht man nicht ins Freie zu lassen, um so weniger, wenn ihr Heim groß genug ist, den Sittichen das Fliegen zu ermöglichen. Deshalb sollten auch nicht zu viele Sitzstangen vorgesehen werden, nur so viele, daß die Vögel im Bedarfsfall ohne Tuchfühlung im oberen Drittel des Flugbauers schlafen können (was gesunde Vögel immer vorziehen) und daß sie bequem zum Futter und Wasser gelangen können. Für Zimmervolieren lohnt sich übrigens die Ausstattung mit Naturzweigen anstelle der käuflichen Hartholzstangen, da man sie öfter auswechseln kann, sobald sie zernagt sind. Das Nagen an Naturzweigen, wozu sich alle ungiftigen Laubhölzer eignen (vorzugsweise Weide und Obstbaum, aber auch Buche, Birke oder Haselnuß), bedeutet übrigens eine sehr willkommene, da natürliche Beschäftigungstherapie und durch Aufnahme des Baumsaftes auch eine Quelle für Vitamine und Spurenelemente.

Hansi, gib Küßchen!

Ist der Jungsittich auf diese oder jene Weise so vertraut geworden, daß er ruhig und zutraulich geworden ist, vor allem auch gerne auf der Hand sitzt, so kann der *Sprechunterricht* beginnen. Wir wählen dafür am besten die Morgen- und die Abendstunden aus, da zu

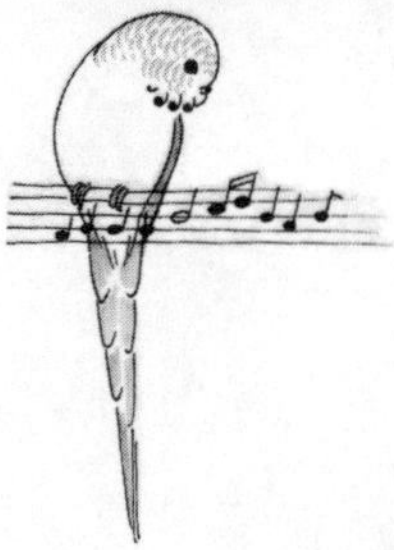

dieser Zeit die Vögel am aufmerksamsten sind, und sprechen dem Lehrling immer im gleichen Rhythmus und in derselben Tonlage einige einfache Wörter vor, wie z. B.: »Ei, ei, ei, der Bubi«. Wichtig ist, daß besonders die ersten Worte wie auch der gewählte Name des Vogels mehr Vokale als Konsonanten enthalten, weil Vokale für den Vogel einfacher nachzuahmen sind.

Die ersten paar Worte oder ein kurzer Satz müssen nun ständig wiederholt werden, bis der Sittich sie nachzusprechen beginnt. Es hat keinen Zweck, etwa zu wechseln, also neue Wortkombinationen zu beginnen, bevor die ersten einstudierten sitzen und der Vogel diese klar und deutlich bringt — auch von sich aus eigenem Antrieb, ohne daß ihm vorgesprochen wird. Das dauert — je nach Eignung von »Lehrer« und »Schüler« — Wochen oder gar Monate! Bis zum Alter von einem halben Jahr kann ein Wellensittich noch sprechen lernen, ja mitunter fängt er plötzlich damit an, wenn man sein Talent schon längst abgeschrieben hat.

Es hat auch wenig Zweck, stundenlang auf ihn einzureden. Der Unterricht sollte jeweils nur so lange dauern, wie der »Hansi« aufmerksam zuhört, dabei ruhig auf dem Finger sitzt und womöglich mit den Augen zwinkert. Fängt er erst an, sich zu putzen, oder fliegt er gar weg, so beende man besser den Unterricht bis zur nächsten passenden Gelegenheit.

Erst wenn der erste kurze Satz richtig sitzt, beginnt man mit einem neuen. Ist bei einem Sittich in dieser Hinsicht der Groschen gefallen, so lernt er meist erstaunlich schnell Neues dazu und kombiniert mitunter Erlerntes auf lustige, manchmal auch fast sinnvoll erscheinende Weise. Ein begabter Vogel wird bald auch von sich aus immer wieder fallende Redewendungen wiederholen, ohne sie eigens erlernt zu haben, wie z. B. »Guten Tag« und »Auf Wiedersehen«, »Hallo« und den Namen am Telefon, leider auch wenig Salonfähiges, so daß man mit der Verwendung dieser Ausdrücke in Gegenwart des Vogels etwas vorsichtig sein sollte!

Trotzdem sollte man nie den Fehler machen, ein Tier — welcher Art auch immer — vermenschlichen zu wollen. Einem sprechenden Papagei kann der Sinn eines noch so gut nachgeplapperten Satzes nie bewußt werden, er verbindet nur manchmal die Situation, in der er von Menschen wiederholt gesprochen wird. Das zeigt sich auch in manchen drolligen Ungereimtheiten, die kombiniert werden, wie z. B. »Gib Küßchen, pfui der Hansi, das macht man nicht.« Zahlen können in der rich-

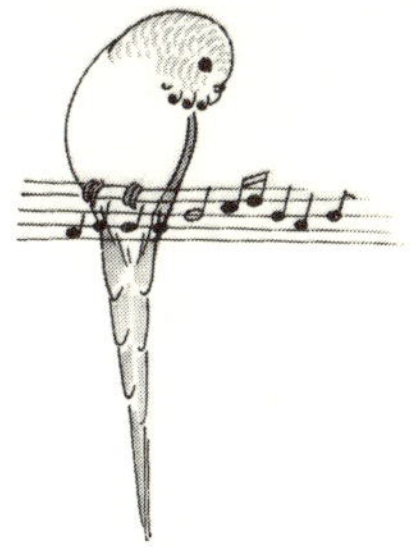

tigen Reihenfolge gebracht, aber auch verdreht werden, obwohl MÜLLER-BIERL meint, daß wissenschaftliche Tests eine Erfassung der Zahlen von 1–6 beim Wellensittich ergeben hätten.
Sehr praktisch ist es, ihm gleich am Anfang nicht nur seinen Namen, sondern auch die Adresse beizubringen, denn schon so mancher »Max«, der entfleuchte, dann aber bei anderen Leuten im Fenster landete, konnte auf diese Weise seinen rechtmäßigen Besitzern zurückgegeben werden.
Eine möglichst deutliche Aussprache ist besonders wichtig! Viele »sprechende« Wellensittiche nuscheln in einer Weise, daß nur der Besitzer sie versteht. Es ist immer etwas peinlich, wenn einem solche Vögel stolz vorgeführt werden, und man versteht praktisch nichts. Wellensittiche neigen ohnehin dazu, menschliche Worte und ganze Sätze mit ihrem plaudernden Naturgesang zu verweben und ein ganzes Potpourri dieser Art zum besten zu geben. Da muß die Sprachwiedergabe schon sehr deutlich sein, um auch von Fremden verstanden zu werden! Um so wichtiger ist es, daß stets langsam und deutlich vorgesprochen wird und weder dialektisch noch in zu tiefer Stimmlage! Den rascheren Rhythmus bringt der kleine Vogel später schon selber mit hinein, weil dieser seinem natürlichen Gezwitscher entspricht.
Für Sittichfreunde mit sehr wenig Zeit gibt es im übrigen heute schon Tonbänder mit geeigneten einfachen Texten zum Vorspielen bei passender Gelegenheit. Besonders die Amerikaner, die gewerbsmäßige »Sprachschulen« für Papageien unterhalten, sollen damit sehr gute Erfolge haben. Es grenzt aber an Tierquälerei, den Vogel nun ständig damit zu berieseln; ganz abgesehen davon, daß der persönliche Kontakt fehlt, der für das Wohlbefinden und eine dauerhafte Zutraulichkeit eines einzeln gehaltenen Wellensittichs so wichtig ist. Trotz aller Mühe vermag nicht jeder Vogel, ob Männchen oder Weibchen, zu erlernen, die menschliche Sprache nachzuahmen. Die Intelligenz, soweit man in diesem Zusammenhang überhaupt davon sprechen sollte, ist individuell ebenso verschieden wie bei anderen Lebewesen – den Menschen nicht ausgenommen. Auf der anderen Seite können sprachunbegabte Sittiche genauso liebenswert und anhänglich sein wie große Sprachkünstler. Es liegt auch keineswegs an der Farbe oder Rasse, und es ist eine irrtümliche Annahme, daß die Vertreter der großen englischen Schaurasse etwa intelligenter seien, weil sie größere Köpfe haben. Sie sind unter Umständen nur leichter zähmbar, weil sie von Haus aus von ruhigerem Temperament sind, neigen

dafür aber im Einzelkäfig eher zum Fettwerden.

Lustigerweise lernen manche weniger sprachbegabte Wellensittiche zur Freude ihrer Besitzer ganz von allein das Nachahmen aller möglichen Geräusche wie Husten, Räuspern, Lachen, Niesen, Türenknarren, den »Wolfspfiff« oder gar eine kleine, oft vorgepfiffene Melodie. Sie lernen auch andere Vogelstimmen nachzuahmen, besonders leicht das Geschilpe der Spatzen, das ihren Lockrufen recht ähnlich ist, aber auch Teile aus richtigen Vogelgesängen. In Vortragslaune wird daraus wiederum ein Potpourri gebracht, das außerordentlich erheiternd sein kann.

Schließlich ist es auch möglich, einen älteren sprachbegabten Wellensittich zum Lehrmeister für einen jüngeren werden zu lassen. Allerdings gehört schon etwas Glück dazu.

Swift hat darüber eigens in einem netten Buch berichtet. Er zog zunächst ein nestjunges Männchen auf, das völlig zahm wurde und ganze Sätze nachzusprechen lernte. Dann setzte er ein nestjunges Weibchen dazu, das noch nicht einmal allein fraß. Tatsächlich übernahm das Männchen prompt die Vaterschaft — was leider nicht jedes tut — und fütterte das kleine Weibchen aus dem Kropf, bis es selbständig war. Dazwischen redete es dauernd auf das Weibchen ein: »Gib Küßchen, nimm noch ein Körnchen« und ähnliches mehr, bis das Weibchen tatsächlich diese und ähnliche Worte nachzuahmen begann. Swift behandelte beide Vögel gleich, gewährte ihnen zusammen Freiflug usw. So lernte das Weibchen spielend, ihn nicht zu fürchten. Bald kamen beide zutraulich zu ihm auf Schulter und Hände geflogen und unterhielten sich dort mit ihm, mal menschlich, mal nach Wellensittichart. Später sollen die beiden zahmen Sittiche sogar miteinander erfolgreich gebrütet haben, wobei es ergötzliche Szenen gab. So saß das Männchen z. B. oft vor dem Nistkastenloch und unterhielt sich mit seinem brütenden Weibchen: »Hallo Schätzchen, komm her, wo bist Du« usw., woraufhin das Weibchen mitunter zum Kastenloch herausschaute, »gib Küßchen« und ähnliches sagte.

So etwas kann jedem anderen auch gelingen, doch gehören Zeit, Geduld und Einfühlungsvermögen dazu. Eine erfolgreiche Brut mit so zahmen Vögeln wird jedoch recht selten gelingen: Ein ganz auf den Menschen geprägter Wellensittich verpaart sich nämlich kaum noch mit einem eigenen Geschlechtspartner. Irgendwie ist ihm der Sinn dafür abhanden gekommen, das gilt für Männchen wie Weibchen. Diese artfremde Verhaltenswei-

se tritt spätestens im 2. Lebensjahr ein. Das möge sich jeder merken, der auf die Idee kommen sollte, dem »Hansi« nach dieser Zeit aus falschem Mitleid noch einen Partner zu geben. Er wird leider meist auf Undank und Unverständnis bei dem Vogel stoßen. Der Leidtragende ist dann vor allem der Neuzugang, der gar nicht verstehen kann, daß er womöglich fortgebissen wird. Also lieber gleich ein Pärchen anschaffen und das gemeinsam zu zähmen versuchen (Sprechunterricht in diesem Falle zwecklos) oder einen Partner noch im ersten Lebensjahr des schon zahmen Sittichs.
Den Sprechunterricht sollte man bis zum Abschluß des 1. Lebensjahres nicht aufgeben, denn es gibt auch Spätzünder, die erst nach Erreichung der Geschlechtsreife nachzuplappern beginnen, was sie monatelang ohne Reaktion gehört, sich aber eingeprägt haben.

Vorbeugen ist besser als Heilen!

Das alte Sprichwort »Vorbeugen ist besser als Heilen« gilt für Wellensittiche ganz besonders und sei deshalb dem Kapitel über Krankheiten vorangestellt. Werden bei Fütterung und Pflege keine groben Fehler gemacht, so ist bei dieser robusten Vogelart in den ersten 4 Lebensjahren kaum mit ernsthaften Erkrankungen zu rechnen. Damit gleich ein Wort zur Lebenserwartung. Fortpflanzungsfähig sind Männchen 6 bis allerhöchstens 8 Jahre, Weibchen 4 bis höchstens 5 Jahre. Ob als Zuchtvögel verwendet oder nicht, ist die Zeit des Klimakteriums vom 5.–8. Lebensjahr für beide Geschlechter die kritischste, in der sehr viele an irgendwelchen Krankheiten sterben. Das ist mit dem menschlichen Lebensalter von 50–70 vergleichbar, weshalb man bemüht sein sollte, das möglichst sachlich zu sehen. Tatsächlich können Wellensittiche ein Höchstalter von 15 bis maximal gar 18 Jahren erreichen, doch sind das ebenso große Ausnahmen wie unsere 100jährigen!
Hat der »Bubi« die kritische Zeit bis zum 8. Lebensjahr überstanden, ohne jemals ernstlich krank gewesen zu

sein, dann kann man damit rechnen, daß er sich auch noch einige weitere Jahre seines Lebens freut. Eine regelrechte Vergreisung setzt oft erst kurz vor dem Tod ein. Bekannt wurde u. a. ein 11jähriger, der noch viel und deutlich sprach, obwohl er sich mit seinen Gichtfüßen kaum noch auf der Stange halten konnte.

> Ein Wellensittich, der sich — aus welchem Grund auch immer — unwohl fühlt, schläft mehr als gewöhnlich und sitzt dabei auf beiden Beinen, während ein gesunder, erwachsener Vogel stets auf einem Bein schläft, das andere ins Bauchgefieder eingezogen.

Bindehautentzündung

Ursache: Zugluft, Anzeichen einer inneren Erkrankung.
Symptome: Meist nur ein geschwollenes und entzündetes Auge.
Behandlung: Mit Aureomycin-Augensalbe (erhältlich in jeder Apotheke). Etwas Salbe vorsichtig mit der Fingerkuppe auf das Auge tupfen.
Hat das nach mehrmaliger Behandlung innerhalb weniger Tage keine Wirkung, so muß der Tierarzt aufgesucht werden.

Durchfall

Ursache: Zu feuchtes Grünfutter, verdorbenes Futter, kühlschrankkalte Nahrung, Erkältung.
Symptome: Durchfall macht sich, abgesehen von den feuchten bis wäßrigen »Pätzchen«, durch verschmutztes Aftergefieder und durch Schwanzwippen bemerkbar. Der Vogel nimmt wenig oder gar keine Nahrung auf.
Behandlung: Grün- und Saftfutter muß sofort entzogen werden. Dafür sollte reichlich Kolbenhirse angeboten werden, die eine darmberuhigende und kräftigende Wirkung ausübt, außerdem als Leckerbissen immer noch am ehesten genommen wird, sofern der »Hansi« sie nicht dauernd erhält.
Das übliche Körnerfutter braucht nicht entzogen zu werden, aber es ist gut, ihm ein paar Haferflocken und etwas Speisemohn beizufügen, auch wenn nicht viel davon genommen wird.
Statt Wasser geben wir leichten Tee; auch Pfefferminz- oder Kamillentee eignen sich.
Den Käfig stellen wir an einen warmen Ort und verhängen ihn mit einem Tuch gegen Zugluft. Die Frontseite sollte jedoch offenbleiben, damit wir den Vogel beobachten können und er sich nicht isoliert fühlt.
Sehr gut ist die zusätzliche Anwendung einer Infrarotlampe, die ja viele

Familien für die Behandlung menschlicher Wehwehchen im Hause haben. Den Toleranzabstand zum Käfig prüfen wir mit der Hand: Die Wärme muß noch angenehm und nicht zu heiß auf der Haut sein, dann ist sie auch für den Vogel richtig. Der Vogel muß die Möglichkeit haben, sowohl die Strahlung als auch »Schatten« aufsuchen zu können.
So behandelte Sittiche sind in aller Regel innerhalb weniger Tage wieder gesund.
Hört der Durchfall jedoch innerhalb weniger Tage nicht auf, magert der Vogel ab und wird schwächer, so sollte man auf jeden Fall den Tierarzt aufsuchen.

Fettgewebe-Geschwülste

Ursache: Ähnlich wie menschliche Grützbeutel.
Symptome: Verdickungen, die meist am Hals-Brust-Bereich auftreten.
Behandlung: Diese Fettgewebe-Geschwülste trocknen mitunter nach einigen Wochen von selber ein und fallen ab oder können mit einem einfachen Schnitt von außen entfernt werden. Die verbleibende Wunde blutet kaum. Die verwendete Schere sollte natürlich vorher desinfiziert werden!

Erkältungskrankheiten

Ursache: Zugluft, stark schwankende Temperaturen.
Symptome: Husten, Niesen, Teilnahmslosigkeit.
Behandlung: Wie bei Durchfall.
Werden Husten und Niesen schlimmer und kommt womöglich noch Ausfluß aus Nase und Schnabel hinzu, sollte der Tierarzt aufgesucht werden.

Gicht

Ursache: Alterserkrankung infolge zu reichhaltiger Ernährung.
Symptome: Kleine Knötchen an den Füßen. Allgemeines Unwohlsein.
Behandlung: Linderung schaffen warme Bäder der befallenen Füße und schmerzstillende Salben. Eine Heilung ist nicht möglich!

Hautpilz

Ursache: Infektion
Symptome: Pilzbefall vornehmlich im Kopfbereich, z. B. an den Augenrändern, aber auch unter den Flügeln. Unruhe, Kratzen.
Behandlung: Es gibt einige neue Medikamente, die aber alle verschreibungspflichtig sind.

Krankheiten

Knochenbrüche

Ursache: Sturz, Hängenbleiben mit zu langen Krallen, Aufprall auf Glasscheiben.
Symptome: Brüche an den Beinen und Flügeln sind meist deutlich sichtbar.
Behandlung: Einfache Brüche heilen meist leicht und allein durch Ruhestellung, indem man den Vogel während des Heilungsprozesses nicht aus dem Käfig läßt und die oberen Stangen einschließlich Klettergerüst für diese Zeit aus dem Käfig nimmt. Besonders bei Flügelbrüchen sollte man nichts weiter machen, auch auf die Gefahr hin, daß der Flügel etwas schief zusammenwächst. Das ist ein kleiner Schönheitsfehler fortan, behindert den Vogel nach Ausheilung aber kaum beim Fliegen. Ein Flügelverband hat nur Zweck, wenn er kurzfristig um den ganzen Körper des Vogels angelegt wird, wobei ein gewisser Federverlust in Kauf genommen werden muß. Das gilt auch für etwas krumm zusammenwachsende Beinknochen, obwohl jeder manuell ein wenig geschickte und einfühlsame Mensch einen einfachen Bruch richtigstellen und mit Hilfe von 2 abgebrochenen Streichhölzern und etwas Tesafilm oder ähnlichem Klebematerial schienen kann. Der Verband darf nur nicht so fest sitzen, daß das Blut nicht mehr zirkulieren kann, sonst wird der Fuß schwarz und fällt ab. Das führt bei Vögeln zwar selten zum Tode, behindert und verunstaltet sie aber doch stärker. Dem beugt Sorgfalt beim Anlegen des Verbandes vor, der im übrigen nicht länger als 8—10 Tage angelegt bleiben sollte. Bis dahin sind normale Brüche meist verheilt.
Komplizierte Brüche, z. B. wenn ein zersplitterter Knochen freiliegt, muß man schon dem Tierarzt überlassen, wobei in schweren Fällen nur eine Amputation das Vogelleben retten kann.

Kropfentzündung

Ursache: Infektion, Erkältung, Fremdkörper.
Symptome: Der Vogel würgt ständig Futter aus, unter steifer Haltung und mit abgewinkelten Flügeln, macht einen sichtlich kranken Eindruck und magert ab.
Behandlung: Bei einem Fremdkörper im Kropf hilft oft ein Tropfen Speiseöl mit einem Hölzchen direkt in den Schnabel gegeben. Das weicht z. B. ein Stückchen Papier oder Pappe (Tapete!) so auf, daß es auf dem Vorder- oder Rückwege abgeht. In hartnäckigen Fällen kann ein versierter Fachtierarzt (aber nur der!) einen Kropfschnitt machen, um den Fremdkörper zu ent-

fernen. Kropfentzündungen durch Infektion oder Erkältung etc. muß vom Tierarzt medikamentös behandelt werden, sonst stirbt der Vogel binnen kurzer Zeit.

Legenot

Ursache: Zuviel Eiweiß im Futter, allgemeine Schwäche.
Symptome: Die Weibchen werden ein fertig ausgebildetes Ei nicht los, kriechen dann unter großen Schmerzen in den Käfigecken umher oder sitzen teilnahmslos auf dem Käfigboden, fressen nicht mehr. Erfolgt keine rasche Abhilfe, so kommt es zu Darmverschluß mit baldiger Todesfolge.
Behandlung: Man nimmt den Vogel rücklings in die Hand und massiert seinen Unterleib bauchabwärts mit der Fingerkuppe unter Zuhilfenahme von etwas Speiseöl. Dann umhüllen wir seinen Käfig mit einem feuchtwarmen Tuch (nicht zu heiß) und lassen ihn in Ruhe. In aller Regel geht dann das Ei innerhalb von einer halben Stunde ab, und das Weibchen ist bald darauf wieder putzmunter. Einem Brutweibchen sollte allerdings die Fortsetzung der Brut nicht zugemutet werden.
Hat diese Behandlung nicht geholfen, so müssen wir versuchen, das im Leib als harter Gegenstand fühlbare Ei so weit herabzumassieren, daß es am Afterausgang fühlbar oder sogar sichtbar wird, und es dann mit einer desinfizierten Nadel aufzustechen. Dann entleert sich der Inhalt, und durch den Wehendruck bricht die leere Schale und geht in einzelnen Stücken ab. Innere Verletzungen sind dabei leider nicht ganz auszuschließen, die leicht durch Sepsis zum Tode führen. Deshalb ist Vorbeugen durch richtige Ernährung und viel Bewegung angezeigt, denn fette ältere Weibchen neigen am ehesten zu Legenot!

Mauser
(natürliche Erneuerung der Federn, keine Krankheit!)

Ursache: Erneuerung der Federn
Symptome: Starker Federausfall
Behandlung: Da es sich bei der Mauser um eine ganz natürliche Erscheinung handelt, ist auch keine Behandlung nötig.
Damit die Mauser besser bzw. nicht so oft abläuft, ist die Haltung in 18–20 °C warmen Räumen mit relativ hoher Luftfeuchtigkeit anzuraten.
Mausernde Vögel benötigen besonders viel Kalk und Vitamine. Öfter ein Stückchen Gurke beschleunigt den Federwechsel.

Krankheiten

Milben

Ursache: Befall mit Krätzmilben durch Neuzugänge, unsaubere Haltung.
Symptome: Kratzen, Unruhe, weißlich-schorfige Beläge an Kopf und Füßen.
Behandlung: Die Krätzmilbe ist mit bloßem Auge nicht sichtbar. Sie setzt sich zunächst an den Schnabelwinkeln fest, gräbt sich in die Haut und erzeugt weißlich-schorfige Beläge. Geschieht nichts dagegen, so werden auch Beine und Füße, die Augenränder, Schnabel und Nasenhaut, sogar die Aftergegend unter den gleichen Symptomen befallen. Die Milben üben einen argen Juckreiz aus und können den Schnabel so zerfressen, daß der Vogel kaum noch Nahrung aufnehmen kann. Darum ist es wichtig, den Befall sofort nach Erkennen zu bekämpfen.
In dem Fall hilft rasch »Odylen für Tiere«, erhältlich in der Drogerie. Die Flüssigkeit wird mit einem feinen Pinsel vorsichtig auf die befallenen Stellen aufgetragen, wobei darauf zu achten ist, daß die ätzende Flüssigkeit nicht in Schnabel und Augen gelangt. Der Sittich reagiert zunächst mit Schmerz auf diese Behandlung, ähnlich wie wenn wir Jod auf eine Wunde geben, der Schmerz klingt jedoch bald ab.
Im Anfangsstadium ist meist nur eine Behandlung nötig, und mit den abgetöteten Milben fällt der Schorf nach einigen Tagen ab. Im fortgeschrittenen Stadium muß die Behandlung mehrmals im Abstand von 2—3 Tagen wiederholt werden. Sauberkeit und Vermeidung von Kontakt mit Wildvögeln beugt dem Krätzmilbenbefall vor. (Im Volksjargon ist der Befall mit Krätzmilben eher als »Schnabelschwamm« oder »Grind« bekannt.)

Papageienkrankheit (Psittakose)

Ursache: Infektion mit virenähnlichen Erregern.
Symptome: Allgemeines Unwohlsein, Teilnahmslosigkeit, Durchfall, Husten, Niesen.
Behandlung: Bei Verdacht auf Psittakose muß sofort der Tierarzt aufgesucht werden. Psittakose ist meldepflichtig! Diese Krankheit hat zwar viel von ihren früheren Schrecken verloren, seit es wirksame Mittel auch in Fällen von möglichen menschlichen Ansteckungen gibt, aber ganz sind die Gefahren leider noch nicht gebannt, zumal eine Ansteckung auch durch alle möglichen anderen Vögel, einschließlich Nutzgeflügel, erfolgen kann, die Meldepflicht deshalb bestehen bleiben muß. Es ist nicht sinnvoll, das aus falscher Liebe zu den Sittichen zu beschönigen, obwohl die Gefahr, z. B. für ei-

nen in der Wohnung gehaltenen Einzelvogel, infiziert zu werden, äußerst gering ist, es sei denn, er hat die virenähnlichen Erreger bereits aus der Zoohandlung mitgebracht. Auch das ist leider schon vorgekommen, weshalb besonders auf saubere Umgebung und gesunde Vögel im Zoogeschäft zu achten ist.

Bei Verdacht auf Psittakose entnimmt der Tierarzt eine Kotprobe, die heute innerhalb weniger Tage durch ein veterinärmedizinisches Institut analysiert werden kann. Bestätigt sich der Verdacht, so bekommen die Vögel ein mit Antibiotika versetztes Futter verschrieben, das für die nächsten 14 Tage alle Vögel, auch die scheinbar gesund gebliebenen, als Alleinnahrung ohne Zusätze (ausgenommen klares Wasser) bekommen müssen! Wie die meiste Medizin schmeckt dieses Futter den Vögeln nicht sonderlich, und sie würden es unberührt lassen, bekämen sie zusätzliche Leckerbissen wie gewohnt! Hier ist Mitleid also vollkommen fehl am Platze, denn ergibt die neuerlich erforderliche Kotprobe nach 14 Tagen noch vorhandene Erreger, so kann der Amtstierarzt die Tötung aller Vögel veranlassen, auch wenn es denen scheinbar schon besser gehen sollte.

Das gleiche ist der Fall, wenn ein Mensch erkranken sollte, der mit den Vögeln in Berührung gekommen ist. Da schlechte Pflege, Unsauberkeit, falsche Ernährung und Kontakt mit Wildvögeln im Garten einer Infektion Vorschub leisten könnte, ist alles dies aus richtig angewandter Tierliebe zu vermeiden. Wird das getan, so braucht man nicht gleich bei jedem Schnupfen in Panik zu geraten und sollte vor allem nicht darauf verfallen, allein aus Angst vor Erkrankung auf die Haltung der so liebenswerten Wellensittiche zu verzichten. Verglichen mit anderen Krankheiten ist der Prozentsatz, ausgerechnet an Papageienkrankheit zu erkranken, gering und wenn, dann liegt die Sterblichkeitsrate inzwischen bei knapp 2%. Manche Boulevardzeitungen neigen leider dazu, gelegentlich vorkommende Fälle unnötig aufzubauschen!

Verstopfung

Ursache: Falsche Ernährung.
Symptome: Schwanzwippen, Schwierigkeiten beim Entleeren.
Behandlung: Unter Verstopfung leiden Wellensittiche seltener. Erleichterung schafft bald ein Stückchen rohe Gurke, ans Gitter gesteckt, oder auch Salat – etwas reichlicher als üblicherweise. Bei Darmverschluß (selten!), mitunter durch Spulwürmer hervorge-

rufen, kann nur der Tierarzt mit einem geeigneten Mittel rasch helfen.

Vitaminmangel

Ursache: Falsche Ernährung.
Symptome: Äußert sich häufig schon bei jungen Vögeln durch Lähmung der Beine, manchmal auch durch eine halbseitige Lähmung, die den Flügel einbezieht.
Behandlung: Bei Vitaminmangelerscheinungen hilft meist schnell ein sogenannter »Vitaminstoß«, d. h. ein Tropfen Vitamin-B-Komplex (erhältlich in der Apotheke), der direkt mit dem stumpfen Ende eines Streichholzes in den Schnabel gegeben wird. Diese Behandlung im Bedarfsfall an mehreren Tagen wiederholen, aber nicht mehr als einen Tropfen pro Behandlung geben!
Mangels Grünfutter im Winter ist es angebracht, den Vögeln 1- bis 2mal wöchentlich prophylaktisch einige Tropfen Vitamin-B-Komplex nach Vorschrift auf dem Etikett ins Trinkwasser zu geben. Bei reichlicher Grünfütterung ist das nicht nötig, eher schädlich!

Würgen (und Erbrechen von Körnern)

Ursache: Würgen und Erbrechen von Körnern kann vor allem bei männlichen Wellensittichen eine ganz harmlose Ursache haben: Der Vogel möchte triebhaft ein imaginäres Weibchen füttern, klebt deshalb den emporgewürgten Futterbrei besonders gern an den Spiegel, mangels eines solchen an den Käfigdraht, oder versucht sogar, seinen menschlichen Pfleger zu füttern. Weibchen tun das seltener, doch kommt es gelegentlich auch vor.
Behandlung: Die Zoogeschäfte bieten für dieses triebhafte Würgen »Beruhigungspillen« an, doch ist es viel gesünder, den Vogel durch viel Abwechslung abzulenken und durch Vermeidung von zuviel Eiweiß im Futter seine Hormontätigkeit etwas abzubremsen. Ganz vermeiden läßt sich diese Aktivität nicht. Sie ist auch keine Krankheit, sondern im Grunde gerade ein Zeichen von guter Gesundheit. (Das gilt auch für die Selbstbefriedigung, die beide Geschlechter mitunter praktizieren.)

Erkrankungen der Lunge und Leber

(mitunter auch tuberkulöser Art) kommen leider bei älteren und falsch ernährten Vögeln häufiger vor, auch krebsartige Tumore und dergleichen, wobei befallene Sittiche nur in seltenen Fällen zu retten sind.

Wellensittiche und ihr Verhalten

Um unseren »Hansi« besser verstehen zu lernen, sei im folgenden noch auf einige typische Verhaltensweisen hingewiesen.

Der Wellensittich — ein sozialer Vogel

Wellensittiche sind ausgesprochen soziale Vögel, die ihr ganzes Leben, ob im Brutgebiet oder auf den Wanderungen, in einer Gemeinschaft mit ihresgleichen verbringen. Aus diesem Grund ist ein Einzelvogel auch so kontaktbedürftig, nur deshalb leidet er, wenn er für längere Zeit isoliert wird. Seine durchdringenden und daher weithin hörbaren Kontaktrufe, die er in einer solchen Situation ausstößt, dienen in der Freiheit dazu, einen versprengten Vogel wieder mit dem Schwarm zusammenzuführen. Im Käfig, dem er nicht entfliehen kann, werden diese Laute oft noch von nervösem Flügelschlagen begleitet.
So erklärt sich auch der Nachfolgetrieb, wenn die Bezugsperson den Raum verläßt, in dem sich ein freifliegender, zahmer Wellensittich befindet. Durch Unachtsamkeit resultieren daraus leider häufig Unfälle, wenn eine Tür vor dem rasch anfliegenden Vogel zugeschlagen oder er gar im Türrahmen eingeklemmt wird! Manche Vögel trippeln auch gern unbemerkt zu Fuß hinterher und werden dabei leicht getreten. Solche — meist tödlichen — Unfälle sind besonders traurig, weil sie aus der Anhänglichkeit des Sittichs heraus entstanden sind. Sie entfallen bei paarweiser Haltung, da sich der Folgetrieb dann in erster Linie auf den Partner bezieht und ein dem Pfleger folgendes Paar leichter bemerkbar wird.

Wo genagt wird, fallen Späne

Die Neigung der meisten Papageien — auch der Wellensittiche —, an Holz zu nagen, ist keine bösartige Angewohnheit oder Zerstörungswut, sondern hängt mit ihrer Ernährungs- und Nestbauweise zusammen. In Freiheit gehören Rinde und saftiges Mark verschiedener Bäume mit zur Nahrung. Darum wird auch Möbelholz ange-

nagt, denn es könnte ja etwas Besseres darunter sein. Und wenn nicht, so macht es immer noch Spaß, den fallenden Spänen nachzuschauen, besonders bei Langeweile.
Die Weibchen andererseits formen erst durch Nagen aus Astlöchern die ihnen passende Nisthöhle und versuchen das instinktiv manchmal selbst dann, wenn sie nicht unbedingt in Brutstimmung sind. Darum sind Weibchen mitunter schlimmer, auf jeden Fall jedoch ausdauerndere Holzzerstörer als Männchen, und man läßt sie besser nicht ohne Aufsicht im Zimmer frei fliegen. Durch Schelten und vorsichtiges Fortscheuchen von dem Platz, den sie sich zum Nagen auserkoren haben, lassen sie sich leicht davon abbringen, denn sie lernen schnell, was »Frauchen« nicht mag. Das besagt freilich nicht, daß sie es — allein gelassen — nicht wieder versuchen!

Nackt aus Langeweile

Langeweile ist meist auch die Ursache für das lästige und verunstaltende Federrupfen vieler Papageien und Sittiche, besonders einzeln gehaltener Vögel. Leider wird es leicht zur permanenten Angewohnheit, wenn die Vögel zufällig darauf gekommen sind, daß ausgerupfte, noch im Wachstum befindliche, also im Kiel mit Blut gefüllte Federn gut schmecken, wenn man diese Kiele durch den Schnabel zieht. So tun es manche Sittiche später selbst mitten in der Mauser, wenn viele Blutkiele vorhanden sind und sie offensichtlich beim Ausrupfen derselben Schmerzen haben und dabei mitunter sogar schreien. Der Besitzer glaubt dann leicht, der Vogel sei entweder todkrank oder hätte den Verstand verloren. Dabei ist es selten eine Krankheit, wenn auch manche Fachleute glauben, das Rupfen könnte auch durch Wirkstoffmangel, z. B. von Mineralien, ausgelöst werden. Zusätzliche Gaben von allerlei Mineralien (von denen die meisten ohnehin ausreichend in abwechslungsreicher Nahrung vorhanden sind) helfen aber nur in seltenen Fällen, vor allem wenn das Rupfen erst einmal zur fixen Angewohnheit geworden ist!
Federrupfer sind alles andere als ein schöner Anblick. Nur das nicht vom Schnabel erreichbare Gefieder an Kopf, Nacken und Vorderrücken sowie Schwingen und Schwanz, deren starke Federn der Vogel nicht schafft, sind vorhanden. Der übrige Körper ist kahl, nur von schwachem Flaum bedeckt oder sogar blutig gebissen. Alle neu sprießenden Federn werden sofort

wieder abgebissen oder ausgerissen. Der Vogel kann nicht mehr fliegen, und Erkältungskrankheiten sind Tür und Tor geöffnet.
Soweit sollte man es nicht kommen lassen und gleich beim ersten Anzeichen von Rupfen etwas dagegen unternehmen. Der Fachhandel hat ein ganz wirksames Mittel unter dem Namen »Pluma-Protekt« zum Einsprühen herausgebracht, dessen Bitterstoffe die Rupfer in aller Regel alsbald von ihrer zerstörerischen Tätigkeit abhalten. Auf ähnliche Weise hilft ein Hausmittel, das in der Humanmedizin als »Daumex« zum Abgewöhnen des Daumenlutschens der Kinder im Handel ist. Mit diesem Mittel werden die gerupften Stellen wiederholt eingerieben.
Es kann ohne weiteres auch vorkommen, daß ein scheinbar geheilter Sittich eines Tages wieder mit dem Federrupfen beginnt, so daß eine erneute Behandlung notwendig wird!

Alarm!

Alle Wellensittiche, ob zahme oder Zuchtvögel, neigen dazu, gelegentlich in der Nacht und oft ohne erkennbaren Grund im Käfig zu toben, mitunter dabei sogar angstvoll zu schreien. Bei Stubenvögeln sollte man dann sofort Licht machen und beruhigend auf die Tierchen einsprechen. Trotzdem dauert es manchmal lange, bis sie sich endlich beruhigen und den Schlafplatz wieder aufsuchen. Vorher darf das Licht nicht ausgelöscht werden, da sonst das Toben erneut beginnt!
Bei Käfigvögeln hat das Toben keine negativen Folgen, außer daß sie am anderen Tag etwas müde sind, aber Wellensittiche, die in größeren Volieren untergebracht sind, in denen sie mit Wucht gegen Drahtgeflecht und Fenster fliegen, verunglücken dabei leider oft schwer – bis zu Genickbrüchen mit Todesfolge. Aus diesem Grunde sind die meisten Züchter dazu übergegangen, Dämmerungsleuchten zu installieren, die wenig Strom verbrauchen und den Raum so weit er-

hellen, daß die umherflatternden Vögel Hindernisse rechtzeitig erkennen und möglicherweise aus dem Nistkasten gestürzte Brutweibchen wieder zurückfinden, bevor die Eier oder kleinen Jungen erkalten.

Dem verhaltensbiologisch unvorbelasteten Leser mag dieses »dummscheue« Verhalten unerklärlich erscheinen, doch gibt es dafür leicht verständliche Gründe, wenn man das Freileben der kleinen Australier näher kennt:

Wie alle Geschöpfe in der freien Natur sind freilebende Wellensittiche mancherlei Gefahren ausgesetzt, wobei Greifvögel und Eulen ihre Hauptfeinde als Beutejäger sind. Nimmt ein Wellensittichschwarm unter Tag am Boden Nahrung auf, so bleiben immer einige »Wachtposten« auf benachbarten Bäumen oder sonstigen Erhebungen zurück, um bei der geringsten »feindlichen« Annäherung Alarm zu schlagen. Die Vögel stieben in alle Richtungen davon und finden sich durch ihre weithin hörbaren Lockrufe erst wieder zusammen, wenn die Gefahr vorüber ist. Das gleiche geschieht in den heißen Stunden während der Mittagsruhe und auch in der Nacht, weil Wellensittiche einen leichten Schlaf haben und auf das geringste ungewöhnliche Geräusch reagieren. Der Vogel, der zuerst ein ungewöhnliches Geräusch hört, gibt einen Alarmruf von sich, und schon sausen wieder alle Vögel davon. In der baumarmen Steppe können sie sich auch bei Dunkelheit kaum verletzen, auch wird es dort nie so dunkel, daß sich Hindernisse wie Bäume, Büsche und Hügel nicht rechtzeitig erkennen lassen.

Anders im Käfig im dunklen Zimmer oder in einer noch so großen Voliere, der Draht- oder Holzwände immer verhältnismäßig enge Grenzen setzen, die es in der Natur nicht gibt.

Die Gefahr drohenden Geräusche, z. B. vorbeischleichende Katzen oder anfliegende Eulen, aber auch Autoscheinwerfer in Verbindung mit Motorengeräusch, sich nähernde Schritte, kurz jedes ungewöhnliche noch so leise Gepolter können jederzeit Alarm auslösen. Wie gesagt, sie können, müssen aber nicht, man braucht daher nicht unbedingt nur auf Zehenspitzen einherzuschleichen, wo der oder die Wellensittiche schlafen. Der »Alarm« kann aber auch durch irgendeine vom Menschen gar nicht bemerkte Lufterschütterung ausgelöst werden. Er kommt unvorhergesehen immer wieder einmal vor, wobei am Rande interessant ist, daß sich dieser Trieb der Arterhaltung auch über viele Generationen bei in menschlicher Obhut gezüchteten Wellensittichen erhalten hat!

Urlaubszeit — wohin mit »Hansi«?

Jedes Jahr zur Urlaubszeit stellt sich für viele Vogelbesitzer die Frage: »Wohin mit unserem Hansi?«
Dabei ist die Urlaubsfrage kein unüberwindbares Problem, denn viele *Zoofachgeschäfte,* vorzugsweise natürlich dasjenige, in dem man regelmäßig einkauft, sind heute bereit, gegen ein erschwingliches Pensionsgeld den »Hansi« oder auch zwei im gewohnten Käfig bei gleichbleibender Fütterung in Pflege zu nehmen. Auf Freiflug müssen die Vögel natürlich in dieser Zeit verzichten, doch macht ihnen das für 1—3 Wochen nichts aus. Hat man den/die Vögel bei einem Züchter gekauft, so können sie dort vielleicht sogar Freiflug in einer Voliere genießen und auf diese Weise auch ihren »Urlaub« haben.
Haftung für Leben und Gesundheit können Händler wie Züchter allerdings nicht übernehmen, denn bei so kleinen Tieren kann immer etwas passieren, was möglicherweise daheim auch passiert wäre.
Noch besser ist es natürlich, wenn man *gute Nachbarn* hat, die einmal täglich in der Wohnung — Blumen und Vögel eingeschlossen — nach dem Rechten sehen. Auf der Basis der Gegenseitigkeit nehmen viele Menschen diesen nachbarlichen Dienst in Anspruch, ohne sich sonderlich verpflichtet fühlen zu müssen.
Sollten dererlei Voraussetzungen ausnahmsweise nicht gegeben sein, so gibt es im Zeitalter der Technik immer noch die Möglichkeit, den Vogel mit geeigneten *Futter- und Wasserautomaten* allein zu lassen — dies sollte man allerdings nur im äußersten Notfall tun! Im Fachhandel gibt es relativ gute Futter- und Tränkautomaten, die maximal Rationen für 14 Tage aufnehmen können. Dennoch besteht auch hier immer noch die Gefahr, daß das Futter nicht gut durchläuft oder der Automat sogar verstopft wird. Das Futter selbst darf also auf keinen Fall feucht sein oder werden können und sollte vor allem auch keine Zusätze wie Lebertran o. ä. enthalten! Der Wasserration müssen wir einige Tropfen »Avisanol« zugeben (im Fachhandel erhältlich), damit es länger frisch bleibt und der Bildung von Bakterien vorgebeugt wird. Beide Automaten müssen im Käfig so angebracht werden, daß sie nicht von den Vögeln verschmutzt werden können, also nicht unterhalb von Sitzstangen oder zu nahe am Boden. Auf den Käfigboden geben wir eine dickere Lage Vogelsand (oder

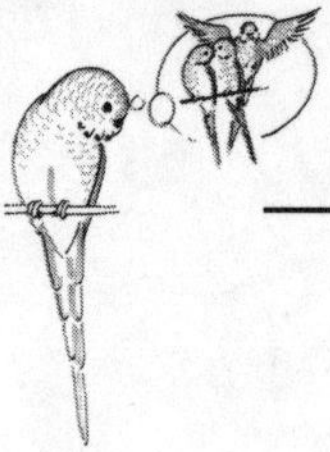

Katzenstreu) wie sonst gewohnt. Der Käfig selbst sollte an einem hellen, aber kühlen, zugfreien Platz stehen. Frischluftzufuhr durch ein gekipptes Fenster ist eine weitere selbstverständliche Notwendigkeit! Zum Trost hängen wir noch mehrere Hirsekolben gut erreichbar in den Käfig — auf sonstige Leckerbissen, vor allem aber auf Grünfutter, müssen die Vögel im Urlaub allerdings verzichten. Dennoch bleibt diese Möglichkeit die äußerste Notlösung, und auch dann besser nur für ein Paar oder mehrere Wellensittiche, die sich miteinander unterhalten können.

Der zahme, weitgehend auf den Menschen geprägte Einzelvogel wird — solange er alleingelassen ist — immer stark trauern, eventuell in die Mauser gehen und nur ein Minimum lebenserhaltender Nahrung aufnehmen. Wenn irgend möglich, sollte ihm das erspart bleiben!

Wellensittiche züchten

Wenn man über mehrere Jahre einen oder mehr Wellensittiche pflegt, so entsteht leicht der verständliche Wunsch, es auch einmal mit der Zucht zu versuchen und das Entstehen einer Vogelfamilie zu beobachten. Doch das ist nicht so einfach, wie man denkt, denn vor die Wellensittich-Zucht hat der Gesetzgeber seit 1970 gewisse Schranken gesetzt:

1. Die persönliche Sachkundeprüfung
2. Die amtliche Überprüfung der gegebenen Räumlichkeiten
3. Den Zwang, die Wellensittiche mit amtlich anerkannten, individuell bezifferten Fußringen zu versehen und bei Weitergabe von Nachzuchttieren ein jederzeit überprüfbares Zuchtbuch zu führen.

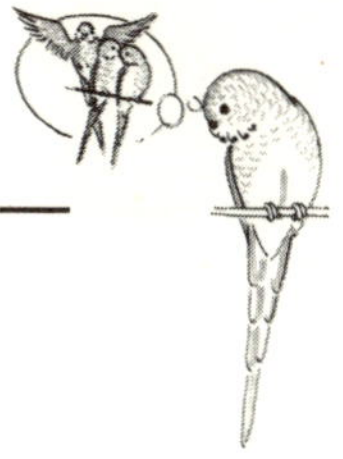

Das sieht auf den ersten Blick wie behördliche Schikane aus, nur sollte man dazu wissen, daß nach glaubhaften Statistiken früher die meisten Psittakose-Erkrankungen in unkontrollierten, nicht immer sonderlich hygienischen Keller- oder Bodenraumzuchten vorgekommen sind. Und eigentlich sind diese gesetzlichen Bestimmungen in erster Linie zum Schutze des Menschen erlassen worden!

Die persönliche Sachkundeprüfung ist nicht so schwierig, wenn man über Haltung, Pflege und Zucht einigermaßen Bescheid weiß, außerdem über die Meldepflicht bei Verdacht auf Psittakose und was man bei Psittakosebefall zu tun hat.

Schwieriger ist schon die Anerkennung der Räumlichkeiten. Wenn schon nicht ein Schutzhaus mit Voliere im Garten, dann sollte zumindest ein separater heller, heiz- und gut belüftbarer Raum im Haus für die Vogelzucht vorhanden sein. Muffige Kellerräume und nicht isolierbare Bodengelasse (Speicher) werden ebensowenig für eine Sittichzucht anerkannt wie Schlafräume und Küchen! Für den Fall einer seuchenhaften Erkrankung im Bestand (Psittakose) muß auch ein gut isolierbarer, massiver Sonderraum nachgewiesen werden, in dem erkrankte Vögel vorübergehend untergebracht werden können und zu dem außer dem Pfleger niemand Zutritt hat.

Man sollte es sich also sehr gründlich überlegen, wenn man die Zucht von Wellensittichen betreiben will!

Nun kommt es immer wieder einmal vor, daß jemand ein brutlustiges Pärchen hat, den Vögeln zuliebe einen Nistkasten vor die Käfigtür hängt, nur um »mal zu sehen, was daraus wird«. Merkwürdigerweise klappen solche eigentlich gar nicht beabsichtigten Zuchtversuche oft auf Anhieb und besser als bei Leuten, die alles gezielt nach Plan machen. Plötzlich sitzt eine höchst muntere Jungenschar auf der Käfigstange, und was nun? Erst war die Freude groß über den Familienzuwachs und wie er gedieh, aber was soll nun ohne Zuchtgenehmigung und Ringe aus den Jungen werden, für die eigentlich weder Platz noch Zeit vorhanden ist? Da hilft es nur, Kontakt mit einem gutwilligen Züchter aufzunehmen, der jene offenen Ringe verwendet, die in jedem Vogelalter angelegt werden können, damit die Jungen legal veräußert werden können. Wenn die Jungvögel schön und gesund sind, die Alten vielleicht sogar von ihm stammen, wird er meist bereit sein, die Nachzucht abzunehmen. Zur Regel sollte man sich das freilich nicht machen, da diese Regelung eigentlich außerhalb der Legalität ist!

Auswahl

Mehr über die Zucht von Wellensittichen zu schreiben, würde den Rahmen dieses Buches bei weitem sprengen. Zu diesem Thema gibt es jedoch einige sehr gute Bücher und Zeitschriften auf dem Markt, z. B.:

AZ-DKB-Einheitsstandard. Mosbach 1979—1984

Müller-Bierl, M.: Wellensittiche. Haltung, Fortpflanzung, Zuchtziele. Minden 1983

Radtke, G. A.: Die Farbschläge des Wellensittichs. Minden 11. Aufl. 1984

Radtke, G. A.: Wellensittiche — mein Hobby. Stuttgart 9. Aufl. 1984

Radtke, G. A.: Handbuch der Wellensittich-Freunde. Stuttgart 3. Aufl. 1982

Radtke, G. A.: Wellensittiche — Hausgenossen und Schauvögel. Band 9 der Reihe: Papageien und Sittiche unser Hobby. Walsrode 1984

Rudgers, A.: Wellensittiche pfleglich gehalten und kundig gezüchtet. Stuttgart 1972

Swift, G. S., Vom Wellensittich Fabian. Zürich und Stuttgart 1965

AZ-Nachrichten
Osterholz-Scharmbeck

Die Voliere
Verlag M. & H. Schaper, Hannover

Wellensittich-Magazin
PDV Sachbuchverlag GmbH, Hannover

Von der Vielzahl der Farben und Formen

Wer zum ersten Mal mit aufmerksamen Augen vor einem Flugkäfig mit bunten Wellensittichen steht, der ist von der Farbenvielfalt beeindruckt, um nicht zu sagen verwirrt. Die Farbkombinationen einbegriffen, kommt man auf rund 600 verschiedene Spielarten, so daß heute Farbvögel für den ausgefallensten Geschmack angeboten werden — ausgenommen Schwarze und Rote.

Näher betrachtet sieht die ganze Farbenvielfalt einfacher aus, als sie auf den ersten Blick erscheint, denn ähnlich wie in der Mathematik aus dem 1 × 1 bauen sich alle Gefiederfarben

aus dem naturgrünen Wellensittich auf. Bestimmte Faktoren nehmen dabei einmal auf die Grundfarben Einfluß, wobei sie dieselben entweder verdünnen (= aufhellen), verdunkeln oder gar durch Zusätze wesentlich verändern und schließlich durch totalen Farbausfall die sogenannten *Albinos* hervorbringen, wie wir sie auch von anderen Haustieren kennen.

Zum anderen können wieder andere Faktoren die Farbe der Wellenzeichnung von Schwarz über Braun, Grau bis fast Weiß verändern oder eine unterschiedliche Anordnung wie bei den sogenannten *Opalinen* und *Gesäumten* zaubern. Der Rest besteht aus Kombinationen von zwei oder mehr dieser Faktoren.

Näher auf die ganzen Zuchtvorgänge und Vererbungsregeln einzugehen, nach denen immer neue und andere Spielarten gezüchtet werden, würde ebenfalls den Rahmen dieses Buches sprengen und beim »Nichtzüchter« nur Verwirrung stiften!

Außer den diversen Gefiederfarben haben die Züchter auch Wellensittiche hervorgebracht, die eine andere Gefiederstruktur haben. Dabei unterscheiden wir Haubenbildung, *Federfüßigkeit* und eine abartige Gefiederverlängerung, die *»Federputzer«* genannt wird, sich nicht fortpflanzt und höchstens ein Jahr am Leben bleibt; auf keinen Fall also einen solchen Vogel kaufen, auch wenn er noch so lustig aussieht und meist naturzahm ist. Auch die gelegentlich auftretenden Tierchen mit z. T. befiederten Füßen haben keinerlei Bedeutung erlangt.

Lediglich die Hauben-Wellensittiche sind seit einiger Zeit gefragt. Die *Haubenbildung* ist unterschiedlich und reicht von kleinen Spitzhäubchen bis zu vollen Rundhauben, wie sie manche Kanarienvögel zeigen. Da diese Vögel schwer zu züchten sind, ist ihr Preis entsprechend hoch, und sie werden auch nur relativ selten angeboten.

Register